本書係「敦煌文獻系統性保護整理出版工程」項目成果

二〇二一—二〇三五年國家古籍工作規劃重點出版項目

「十四五」國家重點出版物出版規劃項目

國家古籍整理出版專項經費資助項目

中國國家圖書館藏敦煌文獻

中國國家圖書館 編

第六六册

BD00976～BD00986

國家圖書館出版社

DUNHUANG MANUSCRIPTS IN THE NATIONAL LIBRARY OF CHINA

066

BD00976 ~ BD00986

compiled by the

National Library of China

National Library of China Publishing House

凡例

一 本書刊布中國國家圖書館藏敦煌文獻，以館藏編號爲序編排。

二 館藏編號采用「BD+流水號」格式，如 BD00001, BD16579 等。背面在編號後加 v 表示。一個編號包含多件文獻者，編號後分别綴以字母 A, B, C 等。一件文獻含有多個内容者，以數字 -1, -2, -3 等標明順序。

三 圖版有縮印或放大處另加説明，尺寸超出本書幅面的以摺葉形式呈現。

四 卷軸裝、梵夾裝、經摺裝等裝幀形制的敦煌文獻，各附外觀圖像。

五 每件文獻依次呈現外觀、正面、背面等。背面僅刊布有文字、圖像或其他要素的圖版，而略去素紙部分，背面圖版同樣以從右到左順序編排。凡有外題者，遵從以上原則。

六 除個别特殊情况外，爲保證閲讀連貫、流暢，圖版儘量通欄呈現。

七 各葉上方附該件文獻全圖，以高亮形式顯示本葉大圖在全卷中的位置。部分長卷文獻全圖衹能分多段呈現時，在上段末以〈符標示下段接續。卷尾内容不足一葉時，文獻全圖使用該圖卷尾部分，亦以〈符標示。背面圖版文字與正面文字方向相反時，文獻全圖按原貌顯示，正文翻轉呈現，以便閲讀研究，用↻符標示。

八 文獻題名大體沿用中國國家圖書館此前所編多部敦煌文獻目録的考證，部分吸收學界最新研究成果略作調整和完善。文獻題名綜合參考原卷首題、尾題、外題確定，如原卷題名與該文獻正式名稱不同，則采用正式名稱；無題名者，或比定題名，或擬定新名。非漢文文獻在題名前標注語種。有分卷不同等其他情况者，括注於文獻名稱後。

九 本書著録使用通行繁體字，涉及原文中的人名、地名等，必要時保留原字形。

About this publication

1. The documents are presented in shelfmark order.
2. The shelfmarks are in the form BD plus a running number, eg. BD00001, BD16579, &c. If a given shelfmark contains multiple documents, these are distinguished by the letters A, B, C, &c. If a document has multiple contents, they are distinguished by the numbering 1, 2, 3, &c. The verso side of an item is indicated by the letter v.
3. If it has been necessary to reduce or enlarge the size of an illustration, the dimensions are indicated. If the size of an illustration exceeds the size of the book, a folding sheet is used.
4. If the document is a scroll, a folded sutra, or has a stitched binding, a picture of the whole object is provided to show its external appearance.
5. The cover, front, and back of each document are reproduced in sequence. The back of a document is only reproduced if it contains text, illustrations, or other markings, and it is oriented from right to left. If it is blank it is not reproduced.
6. Except in a few special cases, the lines of text are reproduced unbroken to make them coherent and easier to read.
7. An illustration of the complete document is reproduced at the top of each page, and the section where the main illustration appears is highlighted in order to indicate its position. If it has only been possible to reproduce a long scroll in sections, the direction symbol has been used to indicate where one illustration ends and the next one begins. If the end of the scroll occupies less than one page, the direction symbol is used to indicate its position in the illustration of the complete document. If the text on the back of the document has a different orientation from the text on the front, it is reproduced as it is, but is also rotated (indicated with the rotation symbol) so that it can be read easily.
8. The titles of the documents generally conform with those already established by the Library, but in some cases have been amended by drawing on the most recent scholarly research. The titles are derived firstly from the beginning of the text, then from the end of the text, and lastly from the cover. If the title of a document differs from its authoritative form, the authoritative form is used; and if a document has no title, one is either supplied by comparison with similar documents, or a new one is devised. If the document is not in Chinese, its language is indicated before the title. If the number of juan is different from that of the authoritative version, or if there are other irregularities, this is noted.
9. The documents in the book are in traditional Chinese characters. Where the title contains personal or place names, the original characters used for these names are retained.

(Translated by David Helliwell)

第六六册目録

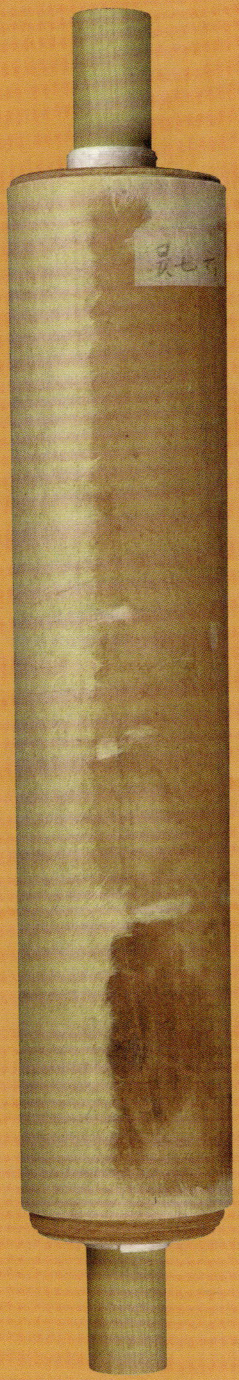

BD00976 佛名經（十六卷本）卷七

884.3cm × 26cm

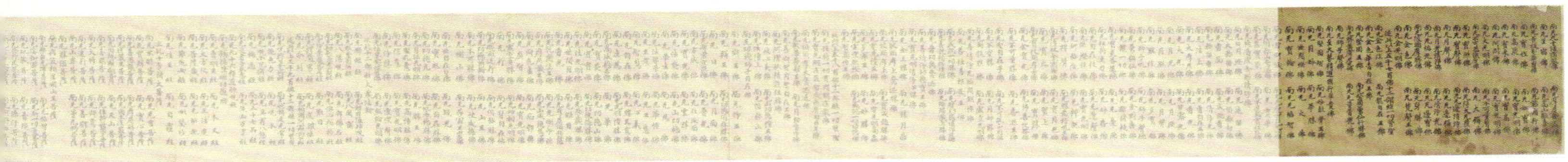

南无九十法莊嚴佛
南无星宿佛
南无菩提分華身佛
南无寶住佛
南无高聚佛
南无寶來佛
南无阿閦佛
南无大光明佛
南无不可思議聲佛
南无寶照佛
南无寶聲佛
南无月聲佛
南无月光清淨佛
南无无垢光佛

南无摩尼金蓋佛
南无高山歡喜佛
南无能脩行佛
南无如寶佛
南无寶光明佛
南无寶高佛
南无寶光明佛
南无不可量聲佛
南无大稱佛
南无得大无畏佛
南无无邊清淨佛
南无无邊稱佛
南无清淨光佛
南无无邊寶佛

南无波頭摩勝佛　南无身勝佛
南无金色佛　南无梵聲王佛
南无金光明佛
從此以上五千七百佛十二部經一切賢聖
南无金色住佛　南无龍自在王佛
南无金色華香自在王佛
南无堅固王佛　南无堅固勇仙行勝佛
南无勝藏摩尼光佛　南无无量香光佛
南无師子聲佛
南无至大勢精進脩行畢竟佛
南无堅固智佛　南无妙鼓聲王佛
南无月妙佛　南无華勝佛
南无世間燈佛　南无火佛
南无寶輪佛　南无无垢智佛

南无寶輪佛　南无无垢智佛
南无常滅佛　南无无邊寶化光明佛
南无須弥山奮迅佛　南无寶華佛
南无集寶聚佛　南无不退輪寶任勝佛
南无德普盧舍那清淨佛
南无日月燈佛　南无迷留佛
南无大弥留佛　南无須弥劫佛
南无香面佛　南无成就香佛
南无弥留香佛　南无清淨光佛
南无法上佛　南无香自在王佛
南无大摩尼佛　南无香光佛
南无火光佛　南无甘露光佛
南无月光佛　南无月燈佛
南无日照佛　南无日讚佛

南无月作佛　南无□寶佛
南无師子吼佛　南无師子聲佛
南无勇猛仙佛　南无金剛喜佛
南无護一切佛　南无離諸疑佛
南无寶炎眷屬佛　南无无憂佛
南无任持速力佛　南无妙喜佛
南无自在作佛　南无无邊聲佛
南无然燈作佛　南无寶光明佛
南无阿弥陁佛　南无釋說佛
南无釋聲佛　南无勝藏積吼王佛
南无降伏金剛堅佛　南无寶月光佛
南无寶火佛　南无賢上佛
南无寶波頭摩步佛　南无寶勝佛
南无金寶光佛　南无怖喜仗勝佛
南无不可量勝佛　南无善□王佛

南无金寶光佛　南无怖喜杖勝佛
南无不可量勝佛　南无善逝王佛
南无聖自在手佛　南无不可說分別佛
南无不空勝佛　南无月妙勝佛
南无樹提勝佛　南无虛空光明佛
南无善清淨无垢閒錯幢佛
南无善住善根藏王佛
南无成就一切勝佛　南无智功德清淨勝佛
南无善說清淨幢佛　南无瑠璃藏上勝佛
南无普功德奮迅佛
南无善清淨功德寶王佛
南无寶光明清淨心勝佛
南无金上勝佛　南无勝月佛
南无波頭摩上奮迅勝佛

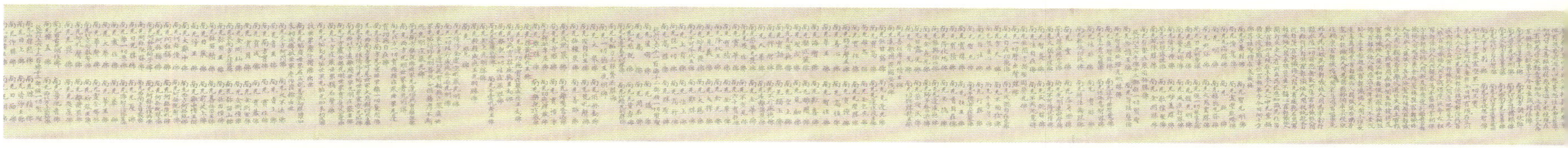

南无波頭摩上佛　南无寶成就勝佛
南无電光幢王佛　南无電光明高王佛
南无多羅王佛　南无妙勝佛
南无虛空然燈佛　南无成就一切功德佛
南无賢高幢王佛
從此以上五千八百佛十二部經一切賢聖
南无住持一切寶間錯莊嚴佛
南无寶光明莊嚴智威德聲自在王佛
南无俱須摩大奮迅通佛
南无敷華娑羅王佛　南无月輪清淨佛
南无善寂智月聲自在王佛
南无阿僧祇精進住勝佛
南无破心炎佛　南无山功德幢王佛
南无法幢上佛　南无須弥山佛
南无功德師子自在佛

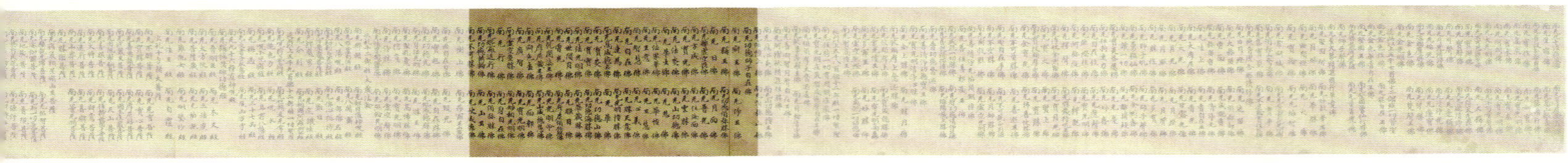

南无切德師子自在佛
南无寂王佛 南无淨王佛
南无稱王佛 南无切德須弥勝佛
南无日佛 南无月面佛
南无離虛空畏佛 南无普光佛
南无方成佛 南无住海面佛
南无寶光佛 南无雲勝佛
南无法炎佛 南无山切德佛
南无華生佛 南无悲佛
南无法界華佛 南无華幢佛
南无王意佛 南无王慧佛
南无智慧佛 南无心義佛
南无自在佛 南无勝天意佛
南无建為佛 南无光月幢勝佛

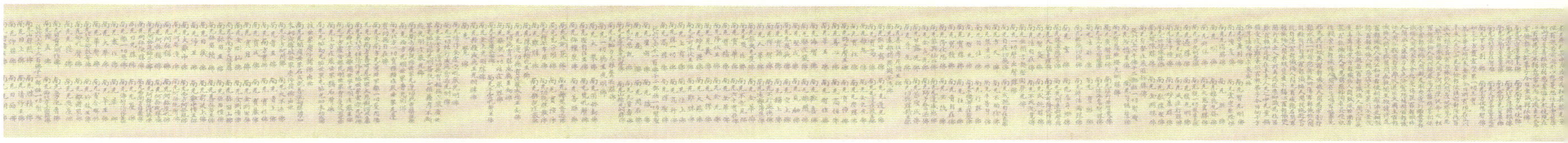

南无高威德王佛
南无寶炎佛
南无寶寶佛
南无法光明佛
南无世間月佛
南无香光佛
南无乾闥婆王佛
南无摩尼藏王佛
南无舜色王佛
南无廣智佛
南无虛空重勝佛
南无行佛
南无那羅延行佛
南无切德轉輪佛
南无不可勝佛

南无華佛
南无切德山佛
南无切德海勝佛
南无華藏勝佛
南无眼目佛
南无摩尼須弥勝佛
南无光明命佛
南无山威德慧佛
南无面報佛
南无寶光明佛
南无妙相光明佛
南无身自在佛
南无須弥勝佛
南无山王佛
南无史威德佛

南无切德轉輪佛　南无山王佛
南无不可勝佛　南无杖威德佛
南无樹山佛　南无莎羅王山藏佛
南无世自在身佛　南无鏡光佛
南无寶起佛　南无自在勝佛
南无切德光佛　南无切威德勝佛
南无身法光明佛　南无勝王佛
南无堅乳意佛　南无高幢勝佛
南无信意佛　南无寶光明佛
南无淨勝佛　南无虛空聲佛
南无法界鏡像勝佛　南无照輪光明佛
次礼十二部經大藏法輪
南无那賴經　南无解日隘神呪經
南无部業因告經　南无八關齋經

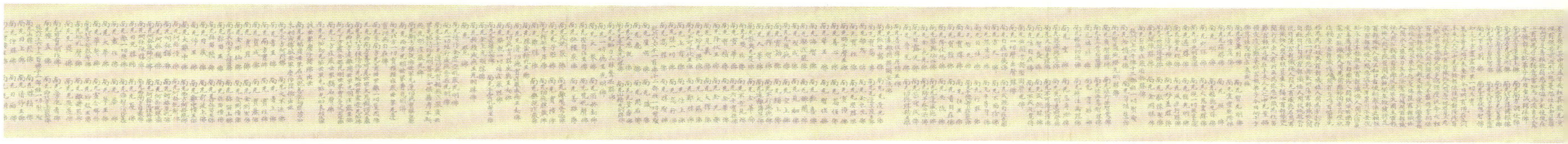

南无八陽呪經　南无部佛名經
南无和利長者所問經　南无佛心摠持經
南无降棄魔菩薩經　南无難日經
南无釋魔男經　南无度護法經
南无分別經　南无相國阿羅訶公經
從此以上五千九百佛十二部經一切賢聖
南无呪時氣病經　南无迦旃延无常經
南无施色力經　南无呪水經
南无呪小兒病經　南无馬有八態經
南无悔過經　南无三十七品經
南无長者子本意經　南无現西方守經
南无九十六種道神呪經
南无稱揚諸佛功德經
南无普明王經　南无木叉經
南无大方便經　南无三法度經

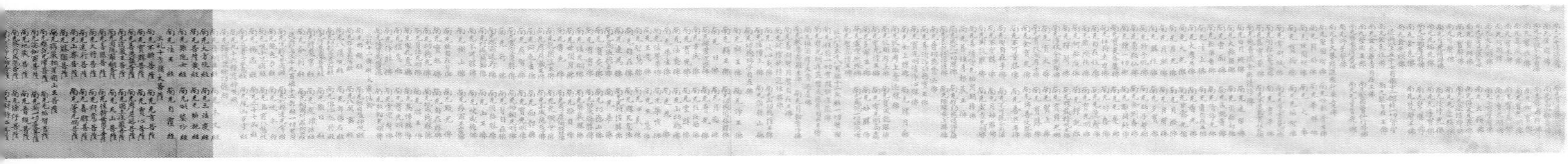

南无大方便經　南无三法度經
南无菩薩藏經　南无无垢施經
南无難陁女經　南无毗婆沙經
南无法王經　南无自覆經
次礼十方諸大菩薩
南无不瞬菩薩　南无无言菩薩
南无寶勝菩薩　南无寶心菩薩
南无善思議菩薩　南无摩尼髻菩薩
南无莊嚴王菩薩　南无國土莊嚴菩薩
南无因陁羅網菩薩　南无天山菩薩
南无善眼菩薩　南无住持世間才菩薩
南无大將菩薩　南无齊意菩薩
南无速行菩薩　南无善辟菩薩
南无山峯菩薩　南无曇无竭菩薩

南无勝賢菩薩

南无莊嚴相星宿山王菩薩

南无樂説无滯菩薩　南无无垢智菩薩

南无娑伽羅菩薩　南无斷一切憂菩薩

南无地藏菩薩　南无普現菩薩

南无發行成就菩薩　南无滌汙菩薩

南无清淨三輪菩薩　南无寂靜心菩薩

南无无邊功德菩薩　南无虛空平等智菩薩

南无波頭摩眼菩薩　南无金剛幢菩薩

次禮聲聞緣覺一切賢聖

南无直福德辟支佛　南无識辟支佛

南无香辟支佛　南无有香辟支佛

南无見一切飛騰辟支佛　南无可波羅辟支佛

南无奉摩利辟支佛　南无月淨辟支佛

南无善智辟支佛　南无脩迦羅辟支佛

南无善智辟支佛　南无脩陁羅辟支佛
礼三寶已次復懺悔
已懺三塗等報今當復次稽顙懺悔人
天餘報相與禀此閻浮壽命雖曰百年滿
者无幾於其中間盛年夭枉其數无量
但有衆苦煎迫形心愁憂怨怯未曾蹔離
如此皆是善根微弱惡業滋多致使現在
心有所為皆不稱意當知悉是過去已來惡
業餘報是故弟子今日至誠歸依佛
南无東方蓮華上佛　南无南方調伏佛
南无西方无量明佛　南无北方勝諸根佛
南无東南方蓮華尊佛　南无西南方无量華佛
南无西北方自在智佛　南无東北方赤蓮華德佛
南无下方明佛　南无上方大恩智佛

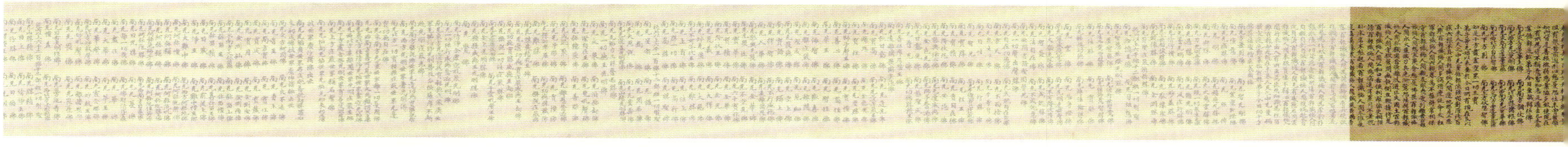

如是十方盡虛空界一切三寶
弟子等无始以来至於今日所有現在及以
未来人天之中无量餘報流殃宿對隆殘百
疾六根不具罪報懺悔人間邊地耶見三惡
八難罪報懺悔人間多病消瘦促命夭枉
罪報懺悔人間六親眷屬不能得常相保
守罪報懺悔人間親友彫喪愛別離苦罪報
懺悔人間怨家聚會愁憂怖畏罪報懺悔
人間水火盜賊刀兵危險驚恐怯弱罪報懺
悔人間孤獨困苦流離波迸亡失國土罪報
懺悔人間牢獄繫閉幽執側立鞭撻拷楚
罪報懺悔人間公和口舌便相羅染更相誣
謗罪報懺悔人間惡病連年累月不差枕
卧床席不能起居罪報懺悔人間冬溫夏
疫毒癘傷寒罪報懺悔人間賊風腫滿否

卧床席不能起居罪報懺悔人間冬温夏
疫毒厲傷寒罪報懺悔人間賊風腫滿否
塞罪報懺悔人間為諸悪神伺求其便欲
作禍祟罪報懺悔人間有鳥鳴百怪飛屍
邪鬼為作妖異罪報懺悔人間為虎豹豺
狼水陸一切諸悪禽獸所傷罪報懺悔人間
自經自刺自煞罪報懺悔人間投坑赴火自
沉自墜罪報懺悔人間无有威德名聞罪
報懺悔人間衣服資生不稱心罪報懺悔人
間行来出入有所云為值悪知識為作留
難罪報如是現在未来人天之中无量禍
横灾疫厄難衰惱罪報弟子今日向十方
佛尊法聖僧求哀懺悔
南无方善明佛　南无智光明佛

南无幢意佛　南无盡空無燈佛
南无无病勝佛　南无照佛
南无明佛　南无福德光勝佛
南无彌勝佛　南无火悲雲勝佛
南无刀光明意佛　南无現一切衆生色佛
南无過勝佛　南无脩光明佛
南无曇无竭佛　南无風疾行勝佛
南无清淨幢佛　南无妙蓋勝佛
南无三世鏡像勝佛　南无敬像堅佛
南无鏡像勝佛　南无金剛勝佛
南无身堅莊嚴須彌勝佛
從此以上六千佛十二部經一切賢聖
南无念憶王佛　南无身法慧佛
南无智慧然燈光明勝佛
南无廣智勝佛　南无法行世智意佛

南无廣智勝佛　南无法行世智意佛
南无法幣意智勝佛　南无法海意智勝佛
南无法財佛　南无寶財佛
南无福德功德佛　南无轉法輪勝佛
南无雲佛　南无忍辱燈佛
南无勝威德意佛　南无光明速稱聲佛
南无大願速勝佛　南无不可降伏幢佛
南无智炎佛　南无成就勝佛
南无法自在佛　南无不成就意佛
南无世間言語堅固聲光佛
南无一切聲出聲勝佛
南无自在功德佛　南无成就自在意佛
南无方天佛　南无不面捨佛
南无衆生心佛　南[illegible]佛

南无自性佛　南无行勝[佛]
南无智光佛　南无千億寶莊嚴佛
南无寶勝佛　南无住王佛
南无寶積佛　南无香自在佛
南无降伏怨佛　南无安隱佛
南无能興依止佛　南无无邊威德佛
南无金色光佛　南无師子奮迅佛
南无甘露光佛　南无能聖氏佛
南无普光佛　南无功德勝積王佛
南无善住摩尼積王佛
南无遠離諸畏樹安隱佛
南无飲甘露佛　南无无邊光佛
南无寶高佛　南无无邊莊嚴王佛
南无離怨佛　南无金色光佛
[南]无寶作佛　[南]无无雲際佛

南无離怨佛　南无金色光佛
南无寶作佛　南无无塵勝佛
南无師子聲王佛　南无寶幢佛
南无善心佛　南无高住佛
南无華王佛　南无智作佛
南无海智佛　南无歡喜佛
南无樂莊嚴佛　南无離闇佛
南无堅成佛　南无見細佛
南无无畏德佛　南无空上佛
南无寶語佛　南无稱上佛
南无擇智佛　南无不行威德佛
南无人華佛　南无遠離諸畏佛
南无能與无畏佛　南无金華佛
南无无畏作佛　南无不空見佛

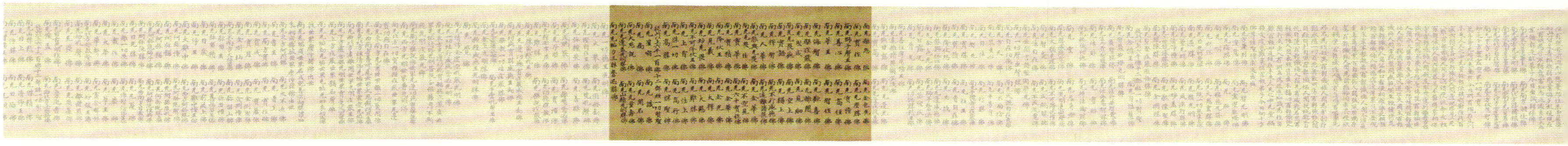

南无寶華佛　南无六十寶作佛
南无寶積佛　南无金華佛
南无降伏王佛　南无金光佛
南无見義佛　南无大擇佛
南无妙无畏佛　南无大慈佛
南无不可降伏王佛　南无難勝佛
南无上首佛　南无法上佛
南无勝一切佛　南无高行佛
南无高勝佛　南无勝聖佛
從此以上六千一百佛十二部經一切賢聖
南无星宿佛　南无識佛
南无南佛　南无聞名佛
南无大悲說佛　南无无量壽佛
南无无邊蓋光明勝佛　南无山積光明勝佛
南无无垢力三昧奮迅勝佛

南无无垢力三昧奮迅勝佛
南无一切德王光明佛
南无火衆佛　南无須弥劫佛
南无堅自在王佛　南无梵吼聲佛
南无弥樓衆佛　南无善眼佛
南无成就衆佛　南无離愚奮迅佛
南无无导眼佛　南无寶幢佛
南无釋迦牟尼佛　南无一切德勝藏佛
南无難勝佛　南无樂說莊嚴佛
南无勝藏積吼王佛
南无无邊功德寶莊嚴威德王劫佛
南无功德寶勝威德王劫佛
南无樂說一切法莊嚴勝佛
南无无邊樂說相佛　南无千雲吼聲王佛

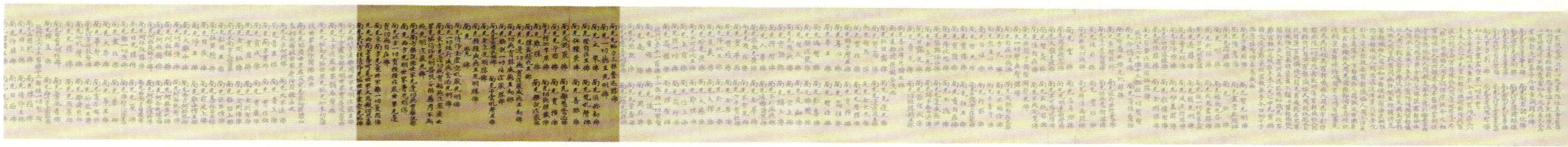

南无金[illegible]光明勝佛
南无種種威德王光明勝佛
南无　覺　佛
南无清淨金虚空吼嚴光明佛
南无一切法行威德奮迅光明佛
南无東方无邊功德寶福德莊嚴廣世
界无垢清淨光明菩提分俱蘇摩不斷
絶光明莊嚴光佛
南无南方樂説佛世界无邊功德寶樂説佛
南无西方光明世界善光明佛
南无北方一切寶種種莊嚴世界无邊
寶功德自在佛
南无東南方无憂世界離一切憂闇佛
无无西南方善可見世界大悲觀一切衆生佛
南无東北方住清淨无垢世界虚空无垢佛

南无東北方住清淨无垢世界盡空无垢佛
南无西北方遠離闇世界光明莊嚴王佛
南无下方盧舍那光明世界寶憂波羅勝佛
南无上方莊嚴世界稱名聲佛
南无无垢劫无垢世界无垢光如来初成佛
彼世界塵沙諸佛出世
南无无垢廣世界名成就善就劫勝護如
来初成佛彼世界塵沙諸佛出世
南无東方阿閦佛　南无火不迷佛
南无香王佛　南无香上佛
南无南方寶佛　南无寶作佛
南无寶成佛　南无寶藏佛
南无寶月佛　南无金剛堅佛
南无金剛山佛　南无金剛幢佛

南无東南方大弥留佛
南无弥留王佛
南无弥留積佛
南无日藏佛
南无淨王佛
南无大雞中佛
南无阿弥幢佛
南无阿弥稱佛
南无阿弥稱佛
南无阿弥陁師子佛
南无阿弥陁勝佛
南无日光勝佛
南无離一切畏佛
南无盡作佛
南无大華佛

南无弥留山佛
南无弥留幢佛
南无善弥留王佛
南无前後上佛
南无雞中幢王佛
南无西方阿弥陁佛
南无阿弥陁聲佛
南无阿弥陁吼佛
南无阿弥陁勝上佛
南无阿弥陁住持佛
南无西南方日藏佛
南无无憂佛
南无佛智清淨業佛
南无華佛
南无華王佛

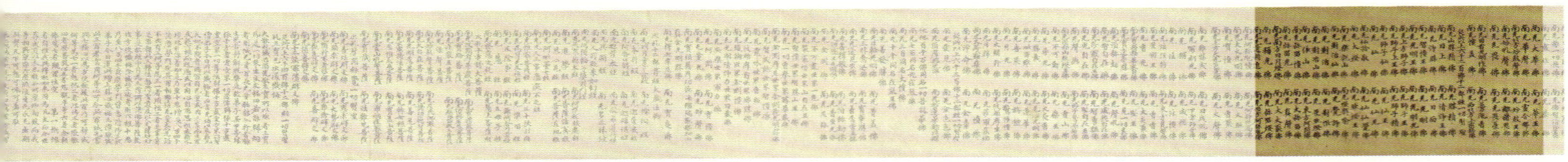

南无大華佛
南无華王佛
南无華聲佛
南无盧舍那佛
南无北方妙鼓聲佛
南无妙鼓王佛
南无妙吼聲佛
南无離諸畏佛
南无无畏佛
南无无畏憂佛
南无日舌光明作佛
南无蔓陁香佛
南无幢蓋佛
南无西北方上前積佛
從此以上六千二百佛十二部經一切賢聖
南无山勝積佛
南无勝積佛
南无日上佛
南无清淨王佛
南无淨勝佛
南无日面佛
南无智幢王佛
南无光明佛
南无光明王佛
南无光明光佛
南无上方師子佛
南无師子王佛

南无師子王佛　南无師子稱佛
南无師子仙佛　南无仙王佛
南无仙佛　南无仙光佛
南无仙捨敬佛　南无仙仙覺佛
南无大燈佛　南无然燈王佛
南无樂説山佛　南无燈譬喻佛
南无對治仙佛　南无覺諍佛
南无對治佛　南无對恨佛
南无對治山佛　南无愛然燈佛
南无依山佛　南无東方阿閦佛
南无弥留幢佛　南无大弥留佛
南无弥留光佛　南无真聲佛
南无南方日月燈佛　南无大火聚佛
南无稱光佛　南无弥留燈佛
南无无量精進佛　南无西方阿弥陀佛

南无稱光佛
南无无邊精進佛
南无阿弥陁幢佛
南无大火光明佛
南无寶幢佛
南无上方大光炎聚佛
南无難勝成佛
南无羅網光佛
南无稱佛
南无法佛
南无法住持佛
南无星宿王佛
南无香光佛
南无寶種種華敷身佛

南无弥留燈佛
南无西方阿弥陁佛
南无阿弥陁高佛
南无大聰佛
南无香聚佛
南无火聲佛
南无日成就佛
南无下方師子佛
南无威德佛
南无法幢佛
南无東方梵聲佛
南无香香佛
南无大炎聚佛
南无堅王佛

南无寶蓮華勝佛　南无見一切義佛
南无須弥劫佛　南无聲吼佛
南无智自在佛　南无威德自在佛
南无莎羅自在王佛　南无智勇猛佛
南无光自在佛　南无堅自在王佛
南无聲德佛　南无師子奮迅髻佛
南无須弥山然燈王佛　南无香山佛
南无不可動佛　南无藥王佛
南无尋光佛　南无火炎香佛
南无勝藏佛　南无无心光明佛
南无毗留離佛　南无蓮華佛
南无喜聚佛　南无旃檀佛
南无月光佛　南无驚怖幢佛
南无火脩行佛　南无波頭摩生佛
南无月勝佛　南无莎羅集佛

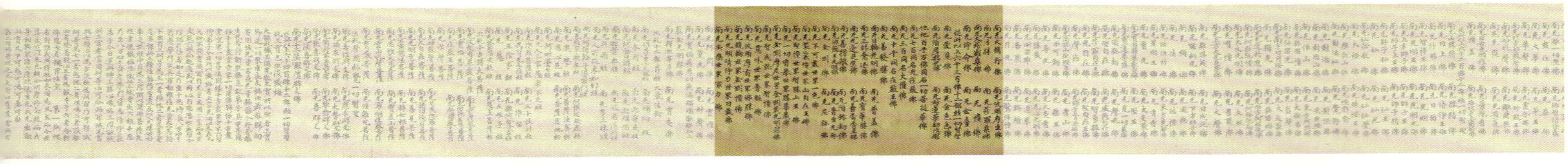

南无火脩行佛　南无波頭摩生佛
南无月勝佛　南无莎羅集佛
南无大莎羅集佛　南无幢佛
南无淨命佛　南无金臺佛
從此以上六千三百佛十二部經一切賢聖
南无愛見佛　南无金色色佛
南无須摩那華佛　南无妙蓮華劫億那
他他百千万佛同名一切菩提華佛
南无七百同名光莊嚴佛
南无三百同名大幢佛
南无十千同名莊嚴王佛
南无善發勝佛
南无日輪光明佛　南无普蓋佛
南无三昧奮迅佛　南无寶莊勝佛

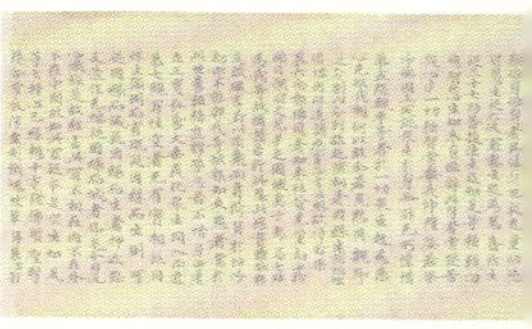

南无遏足步佛　南无善香香王佛
南无善擇敵佛　南无須弥劫佛
南无功德王光明佛　南无普至光佛
南无金剛佛　南无尼弥佛
南无不可盡世界一色佛
南无袈裟幢世界山自在王佛
南无堅幢世界智勝山王佛
南无一切香摩世界勝華藏佛
南无金剛摩尼世界金剛藏光明勝佛
南无智成就世界智幢佛
南无意味世界普照佛
南无波頭摩首世界佛勝佛
南无鏡輪世界金剛幢佛
南无光明清淨力世界日藏佛
南无安樂世界衆力佛

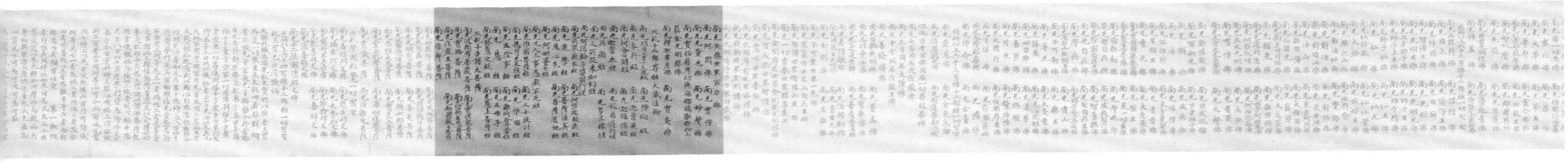

南无安樂世界冣力佛
南无阿閦佛　南无寶幢佛
南无无量光佛　南无妙聲佛
南无寶倶蘓摩功德海瑠璃歌那加山
眞金光明勝佛
南无釋迦牟尼佛　南无寶炎佛
次礼十二部尊經大藏法輪
南无明月童子三昧經　南无櫟狗經
南无本行經　南无迦葉戒經
南无阿含口解經　南无迦稱偈經
南无迦葉本經　南无般若道行經
南无興顯經　南无多三昧經
南无人所從來如幻經
南无阿須輪子波羅門經

南无雜[illegible]德本經　南无向惟[illegible]至處經

南无進學經　南无菩薩法齋經

南无悲心邑經　南无菩薩道地經

南无阿毗曇七經

南无凡人三事愚癡不足經

南无惟羅菩薩經　南无五十挍計經

南无為身无友復經　南无惟留經

南无五陰事經　南无雜阿含丹章經

南无慧經　南无五母子經

南无發意決疑經　南无慧上菩薩經

次礼十方諸大菩薩

南无波頭摩華嚴菩薩　南无寶莊嚴菩薩

南无寶路菩薩　南无功德王慧菩薩

南无莊嚴王菩薩　南无斷諸嚴王菩薩

南无深聲菩薩

南无莊嚴王菩薩　南无斷諸嚴王菩薩
南无滌聲菩薩
南无妙鼓聲菩薩　南无尼民陁羅菩薩
南无大自在菩薩　南无諸功德身菩薩
南无光明意菩薩　南无善見菩薩
南无不取諸法菩薩　南无轉女根菩薩
南无思惟大悲菩薩　南无寶蓋山菩薩
南无雲山吼聲菩薩　南无羅網莊嚴菩薩
南无寶藏菩薩　南无法雞兒菩薩
次礼聲聞緣覺一切賢聖
南无善法辟支佛　南无應求辟支佛
南无脩求辟支佛　南无大勢辟支佛
南无脩行不著辟支佛　南无難捨辟支佛
南无歡喜辟支佛　南无善辟支佛

南无隨喜辟支佛
南无十二婆羅墮辟支佛
從此以上六千四百佛十二部經一切賢聖
礼三寶已次復懺悔
夫欲礼懺必須先敬三寶所以然者三寶
即是一切衆生良友福田若能歸向
者則滅无量罪長无量福能令行者離
生死苦得解脫樂是故弟子某甲等歸
依十方盡虛空界一切諸佛歸依十方盡
虛空界一切尊法歸依十方盡虛空界一切聖
僧弟子今日所以懺悔者正言无始以來在凡
夫地不問貴賤罪自无量或因三業而生罪
或從六根而起過或以內心自邪思惟或藉外
境起於染著如是乃至十惡增長八万四千
諸塵勞門然其罪相雖復无量大而爲語

諸塵勞門然其罪相雖復无量大而為語
不出有三何等為三一者煩惱二者是業三者
是果報此三種法能障聖道及以人天勝妙好
事是故經中目為三障所以諸佛菩薩教
作方便懺悔除滅此三滅者則六根十惡
乃至八万四千諸塵勞門皆悉清淨是故
弟子今日運此增上勝心懺悔三障欲滅
此三罪者當用何等心可令此罪滅先當
興七種心以為方便然後此罪乃可得滅
何等為七一者慚愧二者恐怖三者厭離
四者發菩提心五者怨親平等六者念報
佛恩七者觀罪性空　第一慚愧
者自惟我與釋迦如來同為凡夫而今世
尊成道以來已經爾所塵沙劫數而我

是相此身流六塵流注生死示大出其
此寳天下可慙可愧可羞可耻
苐二怨怖者既是凢夫身口意業 常與罪
相應以是因緣命終之後應墮地獄畜
生餓鬼受无量苦如此寳為可驚可怨
可怖可懼　苐三猒離者相與當觀
生死之中唯有无常苦空无我不淨虛
假如水上泡速起速滅往来流轉猶若
車輪生老病死八苦交煎无時暫息衆
等相與但觀自身從頭至足其中但有卅
六物髮毛抓齒膿囊涕唾生熟二藏大
腸小腸脾腎心肺肝膽脾胃肪膏腦膜
筋脉骨髓大小便利九孔常流是故經
言此身苦所集一切皆不淨何有智慧者
而當樂此身生死既有如此種種惡法

而當樂此身生死既有如此種種惡法
甚可患厭　第四發菩提心者經言當
樂佛身佛身者即法身也從无量功德
智慧生從六波羅蜜生從慈悲喜捨生
從三十七助菩提法生從如是等種種功
德智慧生如來身欲得此身者當發菩
提心求一切種智常樂我淨薩婆若果
淨佛國土成就衆生於身命財无所悋惜
第五怨親平等者於一切衆生起慈悲
心无彼我想何以故尒若見怨異親即
是分別以分別故起諸相著因緣生諸煩惱
煩惱因緣造諸惡業惡業因緣故得苦果
第六念報佛恩者如來往昔无量劫中捨
頭目髓腦支節手足國城妻子象馬七珍

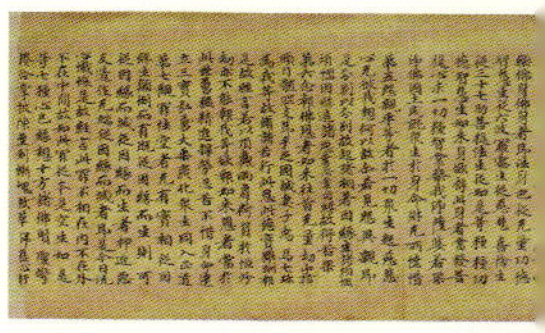

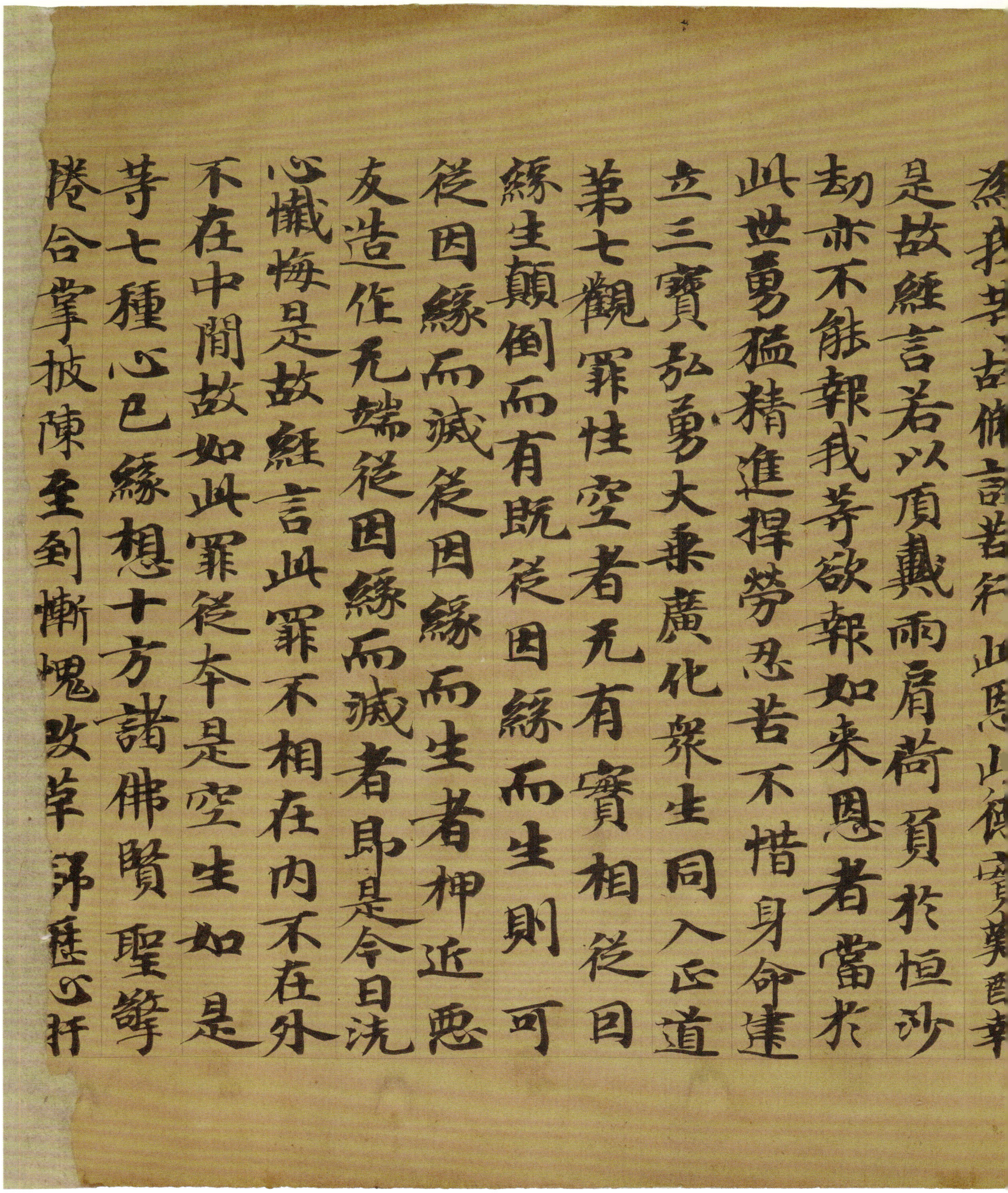

爲我等故備諸苦行此恩此德實難
是故經言若以頂戴兩肩荷負於恒沙
劫亦不能報我等欲報如来恩者當於
此世勇猛精進捍勞忍苦不惜身命建
立三寶弘勇大乘廣化衆生同入正道
第七觀罪性空者无有實相從因
緣生顛倒而有既從因緣而生則可
從因緣而滅從因緣而生者狎近惡
友造作无端從因緣而滅者即是今日洗
心懺悔是故經言此罪不在内不在外
不在中間故如此罪從本是空生如是
等七種心已緣想十方諸佛賢聖彎
捲合掌披陳至到慚愧改革舒歷心肝

BD00977 金剛般若波羅蜜經

（後秦）鳩摩羅什 譯

420.1cm × 25.5cm

[illegible]
寶以用布施是人所
提言甚多世尊何以故是福德即非福德性
是故如來說福德多若復有人於此經中受
持乃至四句偈等為他人說其福勝彼何以故
須菩提一切諸佛及諸佛阿耨多羅三藐三菩
提法皆從此經出須菩提所謂佛法者即非佛法
須菩提於意云何須陁洹能作是念我得須
陁洹果不須菩提言不也世尊何以故須陁
洹名為入流而无所入不入色聲香味觸法
是名須陁洹須菩提於意云何斯陁含能作
是念我得斯陁含果不須菩提言不也世尊
何以故斯陁含名一往來而實无往來是名
斯陁含須菩提於意云何阿那含能作是念

我得阿那含果不須菩提言不世尊何以
故阿那含名為不来而實无来是故名阿那
含須菩提於意云何阿羅漢能作是念我得
阿羅漢道不須菩提言不也世尊何以故實
无有法名阿羅漢世尊若阿羅漢作是念我
得阿羅漢道即為著我人衆生壽者世尊佛
説我得无諍三昧人中最為第一是第一離
欲阿羅漢我不作是念我是離欲阿羅漢世
尊我若作是念我得阿羅漢道世尊則不説
須菩提是樂阿蘭那行者以須菩提實无所
行而名須菩提是樂阿蘭那行佛告須菩提
於意云何如来昔在然燈佛所於法有所得
不世尊如来在然燈佛所於法實无所得
須菩提於意云何菩薩莊嚴佛土不不也世
尊何以故莊嚴佛土者則非莊嚴是名莊嚴

須菩提於意云何菩薩莊嚴佛土不不也世
尊何以故莊嚴佛土者則非莊嚴是名莊嚴
是故須菩提諸菩薩摩訶薩應如是生清淨
心不應住色生心不應住聲香味觸法生心
應无所住而生其心須菩提譬如有人身如
須彌山王於意云何是身為大不須菩提言
甚大世尊何以故佛說非身是名大身
須菩提如恒河中所有沙數如是沙等恒河
於意云何是諸恒河沙寧為多不須菩提言
甚多世尊但諸恒河尚多无數何況其沙須
菩提我今實言告汝若有善男子善女人以
七寶滿尒所恒河沙數三千大千世界以用
布施得福多不須菩提言甚多世尊佛告須
菩提若善男子善女人於此經中乃至受持
四句偈等為他人說而此福德勝前福德

此處一切世間天人阿脩羅皆應供養如佛
塔廟何況有人盡能受持讀誦須菩提當知
是人成就最上第一希有之法若是經典所
在之處則為有佛若尊重弟子
尒時須菩提白佛言世尊當何名此經我等
云何奉持佛告須菩提是經名為金剛般若
波羅蜜以是名字汝當奉持所以者何須菩
提佛說般若波羅蜜則非般若波羅蜜須菩
提於意云何如來有所說法不須菩提白佛
言世尊如來无所說須菩提於意云何三千
大千世界所有微塵是為多不須菩提言甚
多世尊須菩提諸微塵如來說非微塵是名
微塵如來說世界非世界是名世界須菩提
於意云何可以三十二相見如來不不也世尊

微塵如來說世界非世界是名世界須菩提
於意云何可以三十二相見如來不不世尊
不可以三十二相得見如來何以故如來說三
十二相即是非相是名三十二相
須菩提若有善男子善女人以恒河沙等身
命布施若復有人於此經中乃至受持四句偈
等為他人說其福甚多
尒時須菩提聞說是經深解義趣涕淚悲泣
而白佛言希有世尊佛說如是甚深經典我
從昔來所得慧眼未曾得聞如是之經世尊
若復有人得聞是經信心清淨則生實相當
知是人成就第一希有功德世尊是實相者
則是非相是故如來說名實相世尊我今得
聞如是經典信解受持不足為難若當來世
後五百歲其有衆生得聞是經信解受持是

人則為第一希有何以故此人无我相人相
衆生相壽者相所以者何我相即是非相人
相衆生相壽者相即是非相何以故離一切
諸相則名諸佛佛告須菩提如是如是若復
有人得聞是經不驚不怖不畏當知是人甚
為希有何以故須菩提如来說第一波羅蜜
非第一波羅蜜是名第一波羅蜜
須菩提忍辱波羅蜜如来說非忍辱波羅蜜
何以故須菩提如我昔為歌利王割截身體
我於尒時无我相无人相无衆生相无壽者
相何以故我於往昔節節支解時若有我相
人相衆生相壽者相應生瞋恨須菩提又念
過去於五百世作忍辱仙人於尒所世无我
相无人相无衆生相无壽者相是故須菩提
菩薩應離一切相發阿耨多羅三藐三菩提

BD00977　金剛般若波羅蜜經

菩薩應離一切相發阿耨多羅三藐三菩提
心不應住色生心不應住聲香味觸法生心
應生无所住心若心有住則為非住是故佛
說菩薩心不應住色布施須菩提菩薩為利
益一切衆生應如是布施如來說一切諸相
即是非相又說一切衆生則非衆生須菩提
如來是真語者實語者如語者不誑語者不
異語者須菩提如來所得法此法无實无虛
須菩提若菩薩心住於法而行布施如人入
闇則无所見若菩薩心不住法而行布施如
人有目日光明照見種種色
須菩提當來之世若有善男子善女人能於此
經受持讀誦則為如來以佛智慧悉知是人
悉見是人皆得成就无量无邊功德
須菩提若有善男子善女人初日分以恒河

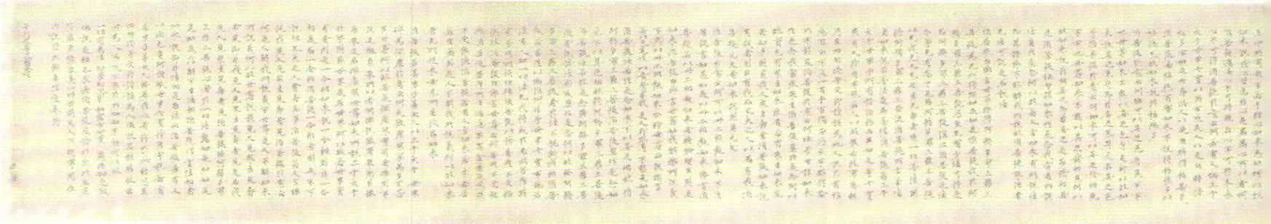

沙等身布施中日分復以恒河沙等身布施
後日分亦以恒河沙等身布施如是无量百
千万億劫以身布施若復有人聞此經典信
心不逆其福勝彼何況書寫受持讀誦為人解說
須菩提以要言之是經有不可思議不可稱
量无邊功德如來為發大乘者說為發最上
乘者說若有人能受持讀誦廣為人說如來
悉知是人悉見是人皆得成就不可量不可
稱无有邊不可思議功德如是人等則為荷
擔如來阿耨多羅三藐三菩提何以故須菩
提若樂小法者著我見人見衆生見壽者見
則於此經不能聽受讀誦為人解說須菩提
在在處處若有此經一切世間天人阿脩羅
所應供養當知此處則為是塔皆應恭敬作
礼圍遶以諸華香而散其處

BD00977　金剛般若波羅蜜經

所應供養當知此處則爲是塔皆應恭敬作
礼圍遶以諸華香而散其處
復次須菩提善男子善女人受持讀誦此經
若爲人輕賤是人先世罪業應墮惡道以今
世人輕賤故先世罪業則爲消滅當得阿耨
多羅三藐三菩提須菩提我念過去无量阿
僧祇劫於然燈佛前得值八百四千万億那
由他諸佛悉皆供養承事无空過者若復有
人於後末世能受持讀誦此經所得功德於
我所供養諸佛功德百分不及一千万億分
乃至筭數譬喻所不能及須菩提若善男子
善女人於後末世有受持讀誦此經所得功
德我若具說者或有人聞心則狂亂狐疑不信須
菩提當知是經義不可思議果報亦不可思議
尒時須菩提白佛言世尊善男子善女人發

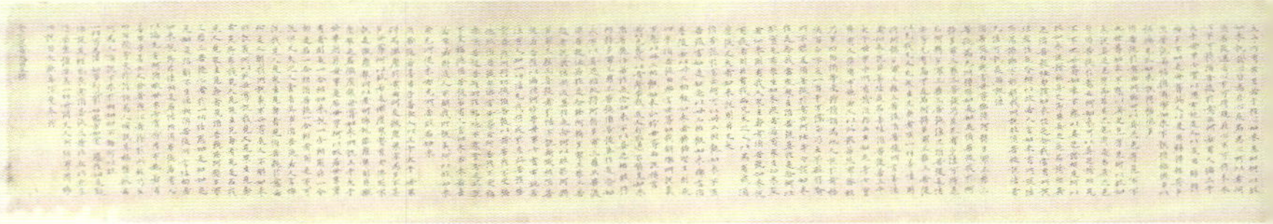

阿耨多羅三藐三菩提心云何應住云何降
伏其心佛告須菩提善男子善女人發阿耨
多羅三藐三菩提者當生如是心我應滅度
一切衆生滅度一切衆生已而无有一衆生
實滅度者何以故若菩薩有我相人相衆生
相壽者相則非菩薩所以者何須菩提實无
有法發阿耨多羅三藐三菩提者
須菩提於意云何如來於然燈佛所有法得
阿耨多羅三藐三菩提不不世世尊如我解
佛所説義佛於然燈佛所无有法得阿耨多
羅三藐三菩提佛言如是如是須菩提實无
有法如來得阿耨多羅三藐三菩提須菩提
若有法如來得阿耨多羅三藐三菩提然燈
佛則不與我受記汝於來世當得作佛号釋
迦牟尼以實无有法得阿耨多羅三藐三菩

佛則不與我受記汝於來世當得作佛号釋
迦牟尼以實无有法得阿耨多羅三藐三菩
提是故然燈佛與我受記作是言汝於來世
當得作佛号釋迦牟尼何以故如來者即諸
法如義若有人言如來得阿耨多羅三藐三
菩提須菩提實无有法佛得阿耨多羅三藐
三菩提須菩提如來所得阿耨多羅三藐三
菩提於是中无實无虛是故如來説一切法
皆是佛法須菩提所言一切法者即非一切
法是故名一切法
須菩提譬如人身長大須菩提言世尊如來
説人身長大則為非大身是名大身
須菩提菩薩亦如是若作是言我當滅度无
量衆生則不名菩薩何以故須菩提實无有
法名為菩薩是故佛説一切法无

嚴佛土是不名菩薩何以故如來說莊嚴佛
土者即非莊嚴是名莊嚴須菩提若菩薩通
達无我法者如来說名真是菩薩
須菩提於意云何如來有肉眼不如是世尊
如来有肉眼須菩提於意云何如来有天眼
不如是世尊如来有天眼須菩提於意云何
如来有慧眼不如是世尊如来有慧眼須菩
提於意云何如来有法眼不如是世尊如来
有法眼須菩提於意云何如来有佛眼不如
是世尊如来有佛眼須菩提於意云何恒河
中所有沙佛說是沙不如是世尊如来說是
沙須菩提於意云何如一恒河中所有沙有
如是等恒河是諸恒河所有沙數佛世界如
是寧為多不甚多世尊佛告須菩提尒所國

是寧為多不甚多世尊佛告須菩提尒所國
土中所有衆生若干種心如来悉知何以故
如来説諸心皆為非心是名為心所以者何
須菩提過去心不可得現在心不可得未来
心不可得須菩提於意云何若有人滿三千
大千世界七寶以用布施是人以是因緣得
福多不如是世尊此人以是因緣得福甚多
須菩提若福德有實如来不説得福德多以
福德无故如来説得福德多
須菩提於意云何佛可以具足色身見不不
世世尊如来不應以具足色身見何以故如
来説具足色身即非具足色身是名具足色
身須菩提於意云何如来可以具足諸相見
不不世世尊如来不應以具足諸相見何以
故如来説諸相具足即非具足是名諸相具

足須菩提汝勿謂如来作是念我當有所說
法莫作是念何以故若人言如来有所說法
即為謗佛不能解我所說故須菩提說法者
无法可說是名說法
須菩提白佛言世尊佛得阿耨多羅三藐三
菩提為无所得耶如是如是須菩提我於阿
耨多羅三藐三菩提乃至无有少法可得是
名阿耨多羅三藐三菩提復次須菩提是法
平等无有高下是名阿耨多羅三藐三菩提
以无我无人无衆生无壽者脩一切善法則
得阿耨多羅三藐三菩提須菩提所言善法
者如来說非善法是名善法須菩提若三千
大千世界中所有諸須弥山王如是等七寶
聚有人持用布施若人以此般若波羅蜜經
乃至四句偈等受持讀誦為他人說於前福

BD00977　金剛般若波羅蜜經

聚有人持用布施若人以此般若波羅蜜經
乃至四句偈等受持讀誦為他人說於前福
德百分不及一百千万億分乃至筭數譬喻
所不能及須菩提於意云何汝等勿謂如來
作是念我當度眾生須菩提莫作是念何以
故實无有眾生如來度者若有眾生如來度
者如來則有我人眾生壽者須菩提如來說
有我者則非有我而凡夫之人以為有我須
菩提凡夫者如來說則非凡夫
須菩提於意云何可以卅二相觀如來不須
菩提言如是如是以卅二相觀如來佛言須
菩提若以卅二相觀如來者轉輪聖王則是
如來須菩提白佛言世尊如我解佛所說義
不應以卅二相觀如來尒時世尊而說偈言
若以色見我以音聲求我是人行邪道不能見如來

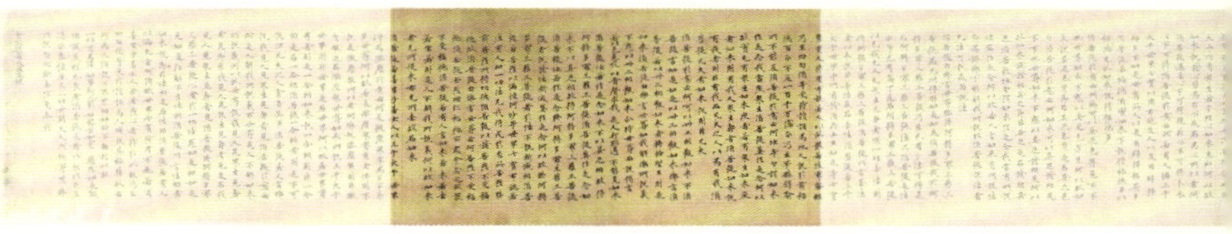

須菩提汝若作是念如來不以具足相故得
阿耨多羅三藐三菩提須菩提莫作是念如
來不以具足相故得阿耨多羅三藐三菩提
須菩提汝若作是念發阿耨多羅三藐三菩
提者說諸法斷滅莫作是念何以故發阿耨
多羅三藐三菩提者於法不說斷滅相須菩
提若菩薩以滿恒河沙等世界七寶布施若
復有人知一切法无我得成於忍此菩薩勝
前菩薩所得功德須菩提以諸菩薩不受福
德故須菩提白佛言世尊云何菩薩不受福
德須菩提菩薩所作福德不應貪著是故說
不受福德須菩提若有人言如來若來若去
若坐若卧是人不解我所說義何以故如來
者无所從來亦无所去故名如來
須菩提若善男子善女人以三千大千世界

BD00977　金剛般若波羅蜜經

者无所從來亦无所去故名如來
須菩提若善男子善女人以三千大千世界
碎為微塵於意云何是微塵衆寧為多不甚
多世尊何以故若是微塵衆實有者佛則不
說是微塵衆所以者何佛說微塵衆則非微
塵衆是名微塵衆世尊如來所說三千大千
世界則非世界是名世界何以故若世界實
有者則是一合相如來說一合相則非一合
相是名一合相須菩提一合相者則是不可
說但凡夫之人貪著其事須菩提若人言佛
說我見人見衆生見壽者見須菩提於意云
何是人解我所說義不世尊是人不解如來
所說義何以故世尊說我見人見衆生見壽
者見即非我見人見衆生見壽者見是名我
見人見衆生見壽者見須菩提發阿耨多羅

三藐三菩提心者於一切法應如是知如是
見如是信解不生法相須菩提所言法相者
如來說即非法相是名法相須菩提若有人
以滿无量阿僧祇世界七寶持用布施若有
善男子善女人發菩薩心者持於此經乃至
四句偈等受持讀誦為人演說其福勝彼云
何為人演說不取於相如如不動何以故
一切有為法　如夢幻泡影　如露亦如電　應作如是觀
佛說是經已長老須菩提及諸比丘比丘尼
優婆塞優婆夷一切世間天人阿脩羅聞佛
所說皆大歡喜信受奉持

金剛般若波羅蜜經

BD00977　金剛般若波羅蜜經

BD00978 觀世音經

（後秦）鳩摩羅什 譯

259.5cm × 25.7cm

偈[illegible]
薩名者
其音聲
音菩薩
薩威神
號即得淺處
千万億衆生
求金銀琉璃車璖馬瑙
珊瑚虎珀真珠
寶入於大海假使黑
風吹其船舫漂
羅剎鬼國其中若有
乃至一人稱觀世音菩薩名者是諸人
等皆得解脫羅剎之難以是因緣名觀
世音若復有人臨當被害稱觀世音菩
薩名者彼所執刀杖尋段段壞而得解
脫若三千大千國土滿中夜叉羅剎欲來惱

脫若三千大千國土滿中夜叉羅刹欲來惱
人聞其稱觀世音菩薩名者是諸惡
鬼尚不能以惡眼視之况復加害設復有
人若有罪若無罪杻械枷鎖檢繫其身
稱觀世音菩薩名者皆悉斷壞即得解
脫若三千大千國土滿中怨賊有一商主將
諸商人賷持重寶經過嶮路其中一人
作是唱言諸善男子勿得恐怖汝等
應當一心稱觀世音菩薩名号是菩薩
能以無畏施於衆生汝等若稱名者
於此怨賊當得解脫衆商人聞俱發聲
言南无觀世音菩薩稱其名故即得
解脫无盡意觀世音菩薩摩訶薩

解脫无盡意觀世音菩薩摩訶薩
威神之力巍巍如是若有衆生多於婬
欲常念恭敬觀世音菩薩便得離欲
若多瞋恚常念恭敬觀世音菩薩
便得離瞋若多愚癡常念恭敬觀世
音菩薩便得離癡无盡意觀世音
菩薩有如是等大威神力多所饒益
是故衆生常應心念若有女人設欲
求男礼拜供養觀世音菩薩便生福
德智慧之男設欲求女便生端正有相
之女宿殖德本衆人愛敬无盡意觀
音菩薩有如是力若有衆生恭敬礼
拜觀世音菩薩福不唐損是故衆生
皆應受持觀世音菩

皆應受持觀世音菩薩名号
无盡意若有人受持六十二億恒河沙菩
薩名字復盡形供養飲食衣服卧具醫
藥於汝意云何是善男子善女人功德
多不无盡意言甚多世尊佛言若復有
人受持觀世音菩薩名号乃至一時礼拜
供養是二人福正等无異於百千万億劫
不可窮盡无盡意受持觀世音菩薩
名号得如是无量无邊福德之利
无盡意菩薩白佛言世尊觀世音菩
薩云何遊此娑婆世界云何而為衆生
說法方便之力其事云何
佛告无盡意菩薩善男子若有國土

佛告无盡意菩薩善男子若有國土
衆生應以佛身得度者觀世音菩薩
即現佛身而為說法應以辟支佛身得度
者即現辟支佛身而為說法應以聲聞
身得度者即現聲聞身為為說法應以
梵王身得度者即現梵王身而為說法應
以帝釋身得度者即現帝釋身而為說法
應以自在天身得度者即現自在天身而
為說法應以大自在天身得度者即現大
自在天身而為說法應以天大將軍身得
度者即現天大將軍身而為說法應以
毗沙門身得度者即現毗沙門身而為說
法應以小王身得度者即現小王身而為
說法應以長者身得度者即現長者身

說法應以長者身得度者即現長者身
而為說法應以居士身得度者即
現居士身而為說法應以宰官身得度
者即現宰官身而為說法應以婆羅門
身得度者即現婆羅門身而為說法應
以比丘比丘尼優婆塞優婆夷身得度者
即現比丘比丘尼優婆塞優婆夷身而為
說法應以長者居士宰官婆羅門婦女
身得度者即現婦女身而為說法應以
童男童女身得度者即現童男童女
身而為說法應以天龍夜叉乾闥婆阿脩
羅迦樓羅緊那羅摩睺羅伽人非人等
身得度者即皆現之而為說法應以執金

身得度者即皆現之而為說法應以執金
剛神得度者即現執金剛神而為說法无
盡意是觀世音菩薩成就如是功德以
種種神力刑遊諸國土度脫眾生是故汝
等一心供養觀世音菩薩是觀世音菩
薩摩訶薩於怖畏急難之中能施无畏
是故此娑婆世界皆號之為施无畏者无
盡意菩薩白佛言世尊我今當供養觀
世音菩薩即解頸眾寶珠瓔珞價直千
兩金而以與之作是言仁者受此法施珎寶
瓔珞時觀世音菩薩不肯受之无盡意
復白觀世音菩薩言仁者愍我等故受
此瓔珞尒時佛告觀世音菩薩當愍此

此瓔珞尒時佛告觀世音菩薩當愍此无
盡意菩薩及四衆天龍夜叉乹闥婆阿
脩羅迦樓羅緊那羅摩睺羅伽人非人
等故受是瓔珞即時觀世音菩薩愍諸
四衆及於天龍人非人等受其瓔珞分作二
分一分奉釋迦牟尼佛一分奉多寶佛塔无
盡意觀世音菩薩有如是自在神力遊
於娑婆世界
尒時无盡意菩薩以偈問曰
世尊妙相具　我今重問彼　佛子何因緣　名為觀世音
具足妙相尊　偈荅无盡意　汝聽觀音行　善應諸方所
弘誓深如海　歷劫不思議　侍多千億佛　發大清淨願
我為汝略說　聞名及見身　心念不空過

我爲汝略說　聞名及現身　心念不空過
能滅諸有苦　假使興害意　推落大火坑
念彼觀音力　火坑變成池　或漂流巨海
龍魚諸鬼難　念彼觀音力　波浪不能沒
或在須弥峯　爲人所推墮　念彼觀音力
如日虛空住　或被惡人逐　墮落金剛山
念彼觀音力　不能損一毛　或值怨賊遶
各執刀加害　念彼觀音力　咸即起慈心
或遭王難苦　臨刑欲壽終　念彼觀音力
刀尋段段壞　或囚禁枷鎖　手足被杻械
念彼觀音力　釋然得解脫　呪咀諸毒藥
所欲害身者　念彼觀音力　還著於本人
或遇惡羅刹　毒龍諸鬼等　念彼觀音力
時悉不敢害　若惡獸圍遶　利牙爪可怖

時悉不敢害　若惡獸圍遶　利牙爪可怖
念彼觀音力　疾走无邊方　蚖蛇及蝮蝎
氣毒烟火然　念彼觀音力　尋聲自迴去
雲雷鼓掣電　降雹澍大雨　念彼觀音力
應時得消散　衆生被困厄　无量苦逼身
觀音妙智力　能救世間苦　具足神通力
廣脩智方便　十方諸國土　无剎不現身
種種諸惡趣　地獄鬼畜生　生老病死苦
以漸悉令滅　真觀清淨觀　廣大智慧觀
悲觀及慈觀　常願常瞻仰　无垢清淨光
慧日破諸闇　能伏災風火　普明照世間
悲體戒雷震　慈音妙大雲　澍甘露法雨
滅除煩惱焰　諍訟經官處　怖畏軍陣中
念彼觀音力　衆怨悉退散　妙音觀世音

滅除煩惱燄　諍訟經官處　怖畏軍陣中
念彼觀音力　衆怨悉退散　妙音觀世音
梵音海潮音　勝彼世間音　是故須常念
念念勿生疑　觀世音淨聖　於苦惱死厄
能為作依怙　具一切功德　慈眼視衆生
福聚海无量　是故應頂礼
尒時持地菩薩即從座起前白佛言世
尊若有衆生聞是觀世音菩薩品自在
之業普門示現神通力者當知是人功德
不少佛說是普門品時衆中八万四千衆生
皆發无等等阿耨多羅三藐三菩提心

佛說觀世音經一卷

佛說觀世音經一卷

BD00979 大般若波羅蜜多經卷五四九

（唐）玄奘 譯

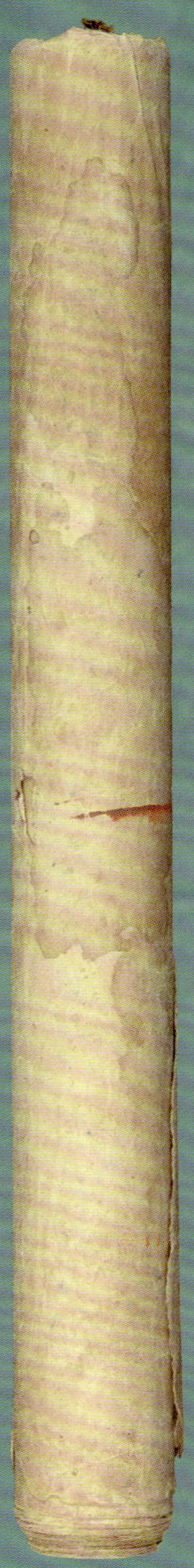

357.9cm × 26.1cm

想行識
有退轉不舍利子言不也
善現於意云何離色有法於无上正等菩提
有退轉不舍利子言不也善現於意云何離
受想行識有法於无上正等菩提有退轉不
舍利子言不也善現於意云何色真如於无
上正等菩提有退轉不舍利子言不也善現
於意云何受想行識真如於无上正等菩提
有退轉不舍利子言不也善現於意云何離
色真如有法於无上正等菩提有退轉不舍
利子言不也善現於意云何離受想行識真
如有法於无上正等菩提有退轉不舍利子
言不也善現復次舍利子於意云何色能證
无上正等菩提不舍利子言不也善現於意
云何受想行識能證无上正等菩提不舍利

子言不也善現於意云何離色真如有法能證无
上正等菩提不舍利子言不也善現於意云
何離受想行識有法能證无上正等菩提不
舍利子言不也善現於意云何色真如能證无
上正等菩提不舍利子言不也善現於意云何
受想行識真如能證无上正等菩提不也舍
利子言不也善現於意云何離色真如有法能
證无上正等菩提不舍利子言不也善現於
意云何離受想行識真如有法能證无上正
等菩提不舍利子言不也善現復次舍利子
於意云何真如於无上正等菩提有退轉不
舍利子言不也善現於意云何離真如有法
於无上正等菩提有退轉不舍利子言不也
善現復次舍利子於意云何真如能證无上
正等菩提不舍利子言不也善現於意云何離

善現復次舍利子於意云何真如能證无上
正等菩提不舍利子言不也善現於意云何離
真如有法能證无上正等菩提不舍利子言
不也善現復次舍利子於意云何頗有法非
即色等非離色等非即真如非離真如於无
上正等菩提有退轉不舍利子言不也善現
復次舍利子於意云何頗有法非即色等非
離色等非即真如非離真如能證无上正
等菩提不舍利子言不也善現時具壽善
現謂舍利子言若一切法諦故住故都无所有皆
不可得說何等法可於无上正等菩提而有
退轉時舍利子語善現言如仁者所說无生
法忍中都无有法亦无菩薩可於无上正等
菩提說有退轉若尒何故佛說三種住菩薩
乘補特伽羅但應說一又如仁說應无三

善現答言唯應有一正等覺乘無
自具壽舍利子言應問善現爲許有一菩薩
乘不然後可難應无三乘建立差別唯應有
一正等覺乘時舍利子問善現言爲許有一
菩薩乘不善現報言於意云何真如中頗有
三乘差別不舍利子言不也善現真如尚无
三相可得況於其内有別三乘於意云何真
如中頗有一乘可得不舍利子言不也善現
真如尚无一相可得況於其内而有一乘於
意云何頗真如中見有一法一菩薩不舍利
子言不也善現時具壽善現謂舍利子言若
一切法諦故住故都无所有皆不可得菩薩
亦尒云何尊者可作是念此是聲聞此是獨
覺此是菩薩如是爲三如是爲一舍利子若
菩薩摩訶薩於一切法都无所得於法真如

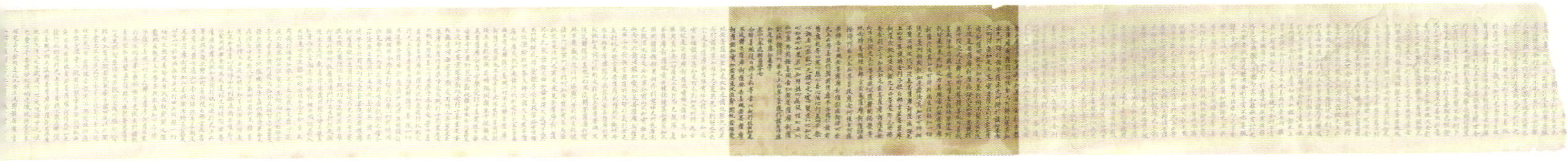

覺此是菩薩如是為三如是為一舍利子若
菩薩摩訶薩於一切法都无所得於法真如
亦无所得於諸菩薩亦无所得於諸如來亦
无所得當知是為真實菩薩舍利子若菩薩
摩訶薩聞說真如无差別相不驚不怖不沉
不沒是菩薩摩訶薩疾證无上正等菩提於
其中間定无退轉尒時世尊讚善現曰善哉
善哉汝今乃能為諸菩薩善說法要汝之所
說皆是如來威神之力善現當知若菩薩摩
訶薩於法真如不可得相深生信解知一切
法无差別相聞說如是諸法真如不可得相
不驚不怖不沉不沒是菩薩摩訶薩疾證无
上正等菩提時舍利子便白佛言若菩薩摩
訶薩成就此法疾證无上正等覺耶尒時佛
告舍利子言如是如是若菩薩摩訶薩成就

此[illegible]
地尒時善現便白佛言若菩薩摩訶薩欲疾
證得所求无上正等菩提應云何住云何應
學佛告善現若菩薩摩訶薩欲疾證得所求
无上正等菩提於諸有情應平等住於諸有
情應起平等心慈心悲心喜心捨心利益心安樂
心調柔心恭敬心无損心无害心質直心如父
心如母心如兄弟心如姊妹心為依怙心亦以
此心應與其語善現當知若菩薩摩訶薩
欲疾證得所求无上正等菩提於諸有情應
如是住應如是學

第四分不退相品第十七

尒時善現復白佛言我等當以何行相知是
不退轉菩薩摩訶薩佛告善現若菩薩摩
訶薩能如實知若異生地若聲聞地若獨覺

不退轉菩薩摩訶薩佛告善現若菩薩摩
訶薩能如實知若異生地若聲聞地若獨覺
地若菩薩地若如来地如是諸地雖說有異
而於諸法真如性中无變異无分別皆无二无
二分是菩薩摩訶薩雖實悟入諸法真如亦
實安住諸法真如无所分別以无所得爲方
便故是菩薩摩訶薩既實悟入諸法真如
雖聞真如與一切法无二无別而无疑滞是
菩薩摩訶薩既實安住諸法真如出真如已
雖聞諸法種種異相而於其中无所執著亦
无疑滞不依是念此事如實此不如實雖无
此念而於諸法能如實知是菩薩摩訶薩終
不輕尒而發語言諸有所說皆引義利若无
義利終不發言是菩薩摩訶薩終不觀他好
惡長短平等慈心而爲說法是菩薩摩訶薩

復退轉復次善現一切不退轉菩薩摩訶薩
終不樂觀外道沙門婆羅門等形相言說彼
諸沙門婆羅門等於所知法實知實見或能
施設正見法門无有是處是菩薩摩訶薩
終不礼敬諸餘天神如諸世間外道所事亦終
不以種種花鬘塗散等香衣服瓔珞寶幢幡
蓋伎樂燈明供養天神及諸外道若菩薩
摩訶薩成就如是諸行狀相定於无上正等菩
提不復退轉復次善現一切不退轉菩薩摩
訶薩不墮惡趣不受女身亦不生於卑賤種族
除為度脫彼類有情現同類生方便攝受
是菩薩摩訶薩常樂受行十善業道自離
害生命乃至邪見亦勸他離害生命乃至邪見
自受行十善業道亦勸他受行十善業道亦

害生命乃至邪見亦勸他離害生命乃至邪見
自受行十善業道亦勸他受行十善業道亦
現觀導讚勵慶喜攝受有情令其堅固是菩
薩摩訶薩乃至夢中亦不現行十惡業道亦
不現起惡不善心乃至夢中亦常受學十善
業道若菩薩摩訶薩成就如是諸行狀相定
於无上正等菩提不復退轉復次善現一切
不退轉菩薩摩訶薩諸所受持思惟讀誦
種種經典令極通利皆為利樂一切有情恒
作是念我以此法為諸有情宣說開示當令
一切法願足復持如是法施善根與諸有
情平等共有迴向无上正等菩提若菩薩摩
訶薩成就如是諸行狀相定於无上正等菩
提不復退轉復次善現一切不退轉菩薩摩
訶薩於佛所說甚深法門不生疑惑

殊[illegible]食
知量而說言詞柔濡寢寐輕少煩惱不行入
出往來心不迷謬恒時安住正念正知進止
威儀行住坐臥舉足下足亦復如是諸所遊
履必觀其地安詳繫念直視而行運動語言
常无卒暴諸所受用臥具衣服皆常香潔无
諸臭穢亦无垢膩蟣虱等蟲恒樂清華常无
疾病身中无有八万户蟲所以者何是諸菩
薩善根增上出過世間如如善根漸漸增長
如是如是身心清淨由此因緣是諸菩薩身
心堅固猶若金剛不為違緣之所侵惱若菩
薩摩訶薩成就如是諸行狀相定於无上正
等菩提不復退轉尒時善現便白佛言是菩
薩摩訶薩云應知心常清淨佛告善現是
是菩薩摩訶薩如如善根漸漸增長如是如是

BD00979 大般若波羅蜜多經卷五四九

薩摩訶薩云應知心常清淨佛告善現是
是菩薩摩訶薩如如善根漸漸增長如是如是
心中一切諂曲矯誑皆永不行由此因緣一切
煩惱及餘不善皆永息滅亦超聲聞及獨
覺地疾趣无上正等菩提故應知心常清
淨復次善現一切不退轉菩薩摩訶薩不重
利養不徇名譽心離嫉慳身无懈失於諸飲
食衣服卧具醫藥資財不生躭著聞甚深法
心不迷謬智慧深固恭敬信受隨所聽聞皆
能會入甚深般若波羅蜜多諸所造依世間
事業亦依般若波羅蜜多方便善巧會入法
性不見一事出法性者設有不與法性相應
亦能方便會入般若波羅蜜多甚深理趣由
斯不見出法性者若菩薩摩訶薩成就如是
諸行狀相定於无上正等菩提不復退轉

現前化作八大地獄復於二大地獄中化作
无量百千菩薩皆被猛焰交徹燒然各受辛
酸楚毒大苦作是化已告不退轉諸菩薩言
此諸菩薩皆受无上正等菩提不退轉記故
墮如是大地獄中恒受如斯種種劇苦汝等
菩薩既受无上正等菩提不退轉記亦當墮
此大地獄中受諸劇苦佛受汝等大地獄中
受極苦記非受无上正等菩提不退轉記是
故汝等應疾捨棄大菩提心可得免脫此地
獄苦當生天上或生人中受諸妙樂是時不
退轉菩薩摩訶薩見聞此事其心不動亦
不驚疑但作是念受不退轉記菩薩摩訶薩
若墮惡趣受諸苦惱不能免脫必无是處今
見聞者定是惡魔所作所說皆非實有若菩

BD00979　大般若波羅蜜多經卷五四九

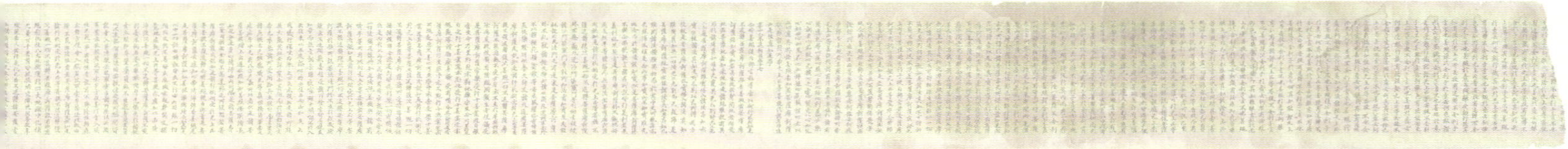

若墮惡趣受諸苦惱不能免脫必无是處今
見聞者定是惡魔所作所說皆非實有若菩
薩摩訶薩成就如是諸行狀相定於无上正
等菩提不復退轉復次善現一切不退轉菩
薩摩訶薩設有惡魔作沙門像來至其所
說如是言汝先所聞受持讀誦甚深般若波羅
蜜多相應經典皆是邪說應疾棄捨勿謂為
真汝等若能速疾棄捨我當教汝真淨佛法
令汝速證无上菩提汝先所聞非真佛語是
文頌者虛誑撰集我之所說是真佛語善現
當知若菩薩摩訶薩聞如是語心動驚疑當
知未受不退轉記若菩薩摩訶薩聞如是說
其心不動亦不驚疑但隨无作无相无生法住
而住是菩薩摩訶薩諸有所作不信他語
不隨他教而便動轉如阿羅漢諸有所

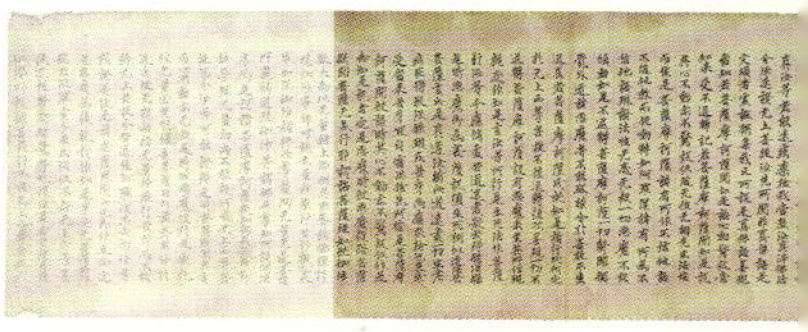

傾動如是不退轉菩薩摩訶薩一切聲聞獨
覺外道諸惡魔等不能破壞令於菩提而生
退屈若菩薩摩訶薩成就如是諸行狀相定
於无上正等菩提不復退轉復次善現一切不
退轉菩薩摩訶薩設有惡魔來至其所作現
親友作如是言汝等所行是生死法非菩薩
行汝等今應脩盡苦道速盡衆苦得般涅槃
是時惡魔即為菩薩說隨生死相似道法若
菩薩言此是真道汝脩此道速盡一切生老
病死得般涅槃現在苦身尚應厭捨況更求
受當來苦身宜自審思捨先所信是菩薩摩
訶薩聞彼語時其心不動亦不驚疑但作是
念如是說者定是惡魔時彼惡魔復語菩薩
欲聞菩薩无益行耶謂諸菩薩經如殑伽沙

BD00979　大般若波羅蜜多經卷五四九

欲聞菩薩无益行邪謂諸菩薩經如殑伽沙
數大劫以无量種上妙供具供養諸佛復於
殑伽沙等佛所脩无量種難行苦行親近承
事如殑伽沙諸佛世尊請問无量无邊菩薩
所應脩道殑伽沙等諸佛世尊如所請問次
苐為是說諸菩薩摩訶薩衆如佛教誡精勤
脩學經无量劫尚不能證所求无上正等菩
提況今汝等可能證得是時菩薩雖聞其言
而心不動亦无疑惑時彼惡魔復於是處化
作无量苾芻形像告菩薩曰此諸苾芻皆於
過去經无數劫脩无量種難行苦行而不能
得无上菩提今皆退住阿羅漢果云何汝等
能證菩提是諸菩薩見聞此已即作是念定
是惡魔為擾亂我作如是事定无菩薩脩行
[illegible]施波羅蜜多圓滿至不證无上正等菩

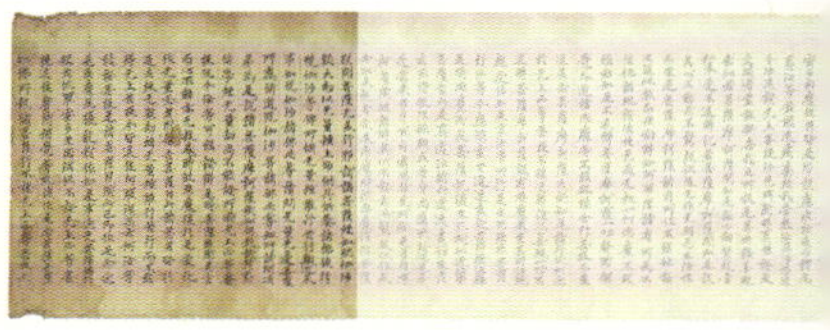

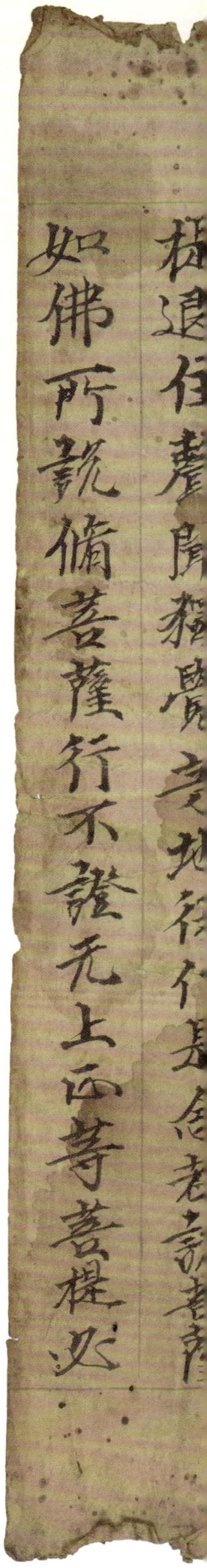
猶退住聲聞獨覺之地彼作是念老病者死
如佛所說脩菩薩行不證无上正等菩提必

BD00980

藥師琉璃光如來本願功德經

（唐）玄奘 譯

443.5cm×25cm

得菩
身下劣諸根不具醜陋頑
背僂白癩癲狂種種病苦
得端政黠慧諸根完具无諸
第七大願願我来世得菩
病逼切无救无歸无醫无藥
多苦我之名号一經其耳
樂家屬資具悉皆豊足乃
第八大願願我来世得菩提
女百悪之所逼惱極生厭
名已一切皆得轉女成男
得无上菩提
第九大願願我来世得
魔羂网解脫一切外道

行速證无上正等菩提
第十大願願我來世得菩提時若諸有情王
法所縲縛錄鞭撻繫閉牢獄或當刑戮及餘
无量災難淩辱悲愁煎迫身心受苦若聞我
名以我福德威神力故皆得解脫一切憂苦
第十一大願願我來世得菩提時若諸有情
飢渴所惱為求食故造諸惡業得聞我名專
念受持我當先以上妙飲食飽足其身後以
法味畢竟安樂而建立之
第十二大願願我來世得菩提時若諸有情
貧无衣服蚊虻寒熱晝夜逼惱若聞我名專
念受持如其所好即得種種上妙衣服亦得
一切寶莊嚴具華鬘塗香鼓樂眾伎隨心所
翫皆令滿足

BD00980　藥師琉璃光如來本願功德經

念受持如其所好即得種種上妙衣服亦得
一切寶莊嚴具華鬘塗香鼓樂衆伎隨心所
翫皆令滿足
曼殊室利是為彼世尊藥師瑠璃光如來應
正等覺行菩薩道時所發十二微妙上願
復次曼殊室利彼世尊藥師瑠璃光如來行
菩薩道時所發大願及彼佛土功德莊嚴我
若一劫若一劫餘說不能盡然彼佛土一向清
淨无有女人亦无惡趣及苦音聲瑠璃為地
金繩界道城闕宮閣軒窓羅網皆七寶成
亦如西方極樂世界功德莊嚴等无差別於
其國中有二菩薩摩訶薩一名日光遍照二
名月光遍照是彼无量无數菩薩衆之上首
悉能持彼世尊藥師瑠璃光如來正法寶藏
是故曼殊室利諸有信心善男子善女人等

尒時世尊復告曼殊室利童子言曼殊室利
有諸衆生不識善惡唯懷貪悋不知布施及
施果報愚癡无智闕於信根多聚財寶勤加
守護見乞者来其心不憙設不獲已而行施
時如割身肉深生痛惜復有无量慳貪有情
積集資財於其自身尚不受用何況能與父
母妻子奴婢作使及来乞者彼諸有情從此
命終生餓鬼界或傍生趣由昔人間曽得蹔
聞藥師瑠璃光如来名故今在惡趣蹔得憶
念彼如来名即於念時從彼處沒還生人中
得宿命念畏惡趣苦不樂欲樂好行惠施讚
歎施者一切所有悉无貪惜漸次尚能以頭
目手足血肉身分施来求者況餘財物

BD00980　藥師琉璃光如來本願功德經

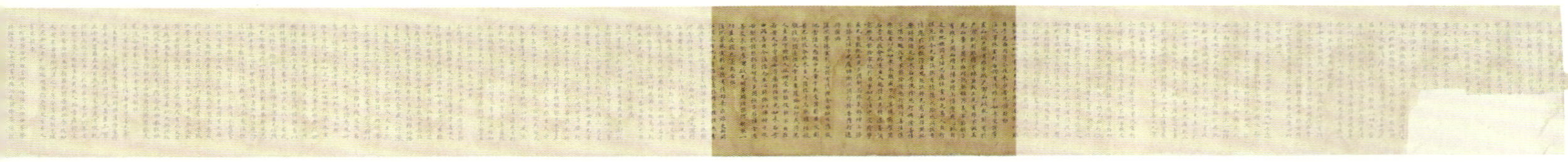

歎施者一切所有悉无貪惜漸次尚能以頭
目手足血肉身分施來求者況餘財物
復次曼殊室利若諸有情雖於如來受諸學
處而破尸羅有雖不破尸羅而破軌則有於
尸羅軌則雖得不壞然毀正見有雖不毀正
見而棄多聞於佛所說契經深義不能解了
有雖多聞而增上慢由增上慢覆蔽心故自
是非他嫌謗正法為魔伴黨如是愚人自行
邪見復令无量俱胝有情墮大險坑此諸有
情應於地獄傍生鬼趣流轉无窮若得聞此
藥師瑠璃光如來名号便捨惡行修諸善法
不墮惡趣設有不能捨諸惡行修行善法墮
惡趣者以彼如來本願威力令其現前暫聞
名号從彼命終還生人趣得正見精進善調
意樂便能捨家趣於非家如來法中受持學

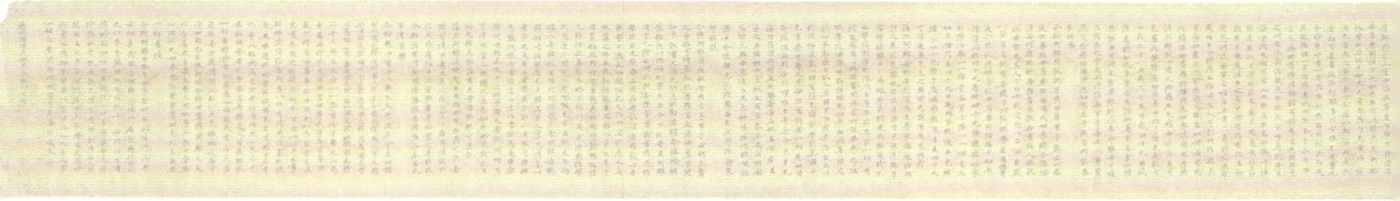

不謗正法不爲魔伴漸次脩行諸菩薩行速
得圓滿
復次曼殊室利若諸有情慳貪嫉妬自讚毀
他當墮三惡趣中无量千歲受諸劇苦受劇
苦已從彼命終来生人間作牛馬駝驢恒被
鞭撻飢渴逼惱又常負重隨路而行或得爲
人生居下賤作人奴婢受他驅役恒不自在
若昔人中曾聞世尊藥師瑠璃光如来名号
由此善因今復憶念至心歸依以佛神力衆
苦解脫諸根聰利智慧多聞恒求勝法常遇
善友永斷魔羂破无明鷇竭煩惱河解脫一
切生老病死憂悲苦惱
復次曼殊室利若諸有情好憙乖離更相鬪
訟惱亂自他以身語意造作增長種種惡業

BD00980　藥師琉璃光如來本願功德經

復次曼殊室利若諸有情好憙乖離更相鬪
訟惱亂自他以身語意造作增長種種惡業
展轉常為不饒益事互相謀害告召山林樹
塚等神殺諸衆生取其血肉祭祀藥叉邏剎
娑等書怨人名作其形像以惡呪術而呪咀
之厭媚蠱道呪起屍鬼令斷彼命及壞其身
是諸有情若得聞此藥師瑠璃光如來名号
彼諸惡事悉不能害一切展轉皆起慈心利
益安樂无損惱意及嫌恨心各各歡悅於自
所受生於喜足不相侵凌互為饒益
復次曼殊室利若有四衆苾芻苾芻尼鄔波
索迦鄔波斯迦及餘淨信善男子善女人等
有能受持八分齋戒或經一年或復三月受
持學處以此善根願生西方極樂世界无量

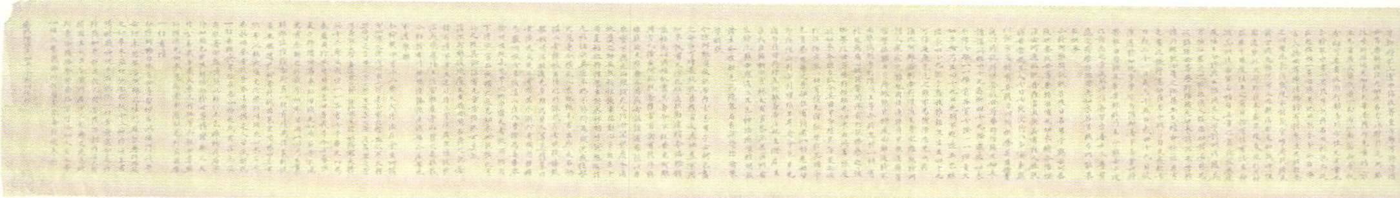

通来示其道路即於彼界種種雜色衆寶華
中自然化生或有因此生於天上雖生天中
而本善根亦未窮盡不復更生諸餘惡趣天
上壽盡還生人間或為輪王統攝四洲威德
自在安立无量百千有情於十善道或生剎
帝利婆羅門居士大家多饒財寶倉庫盈溢
形相端嚴眷屬具足聰明智慧勇健威猛如
大力士若是女人得聞世尊藥師如来名号至
心受持於後不復更受女身
尒時曼殊室利童子白佛言世尊我當誓於像
法轉時以種種方便令諸淨信善男子善女人
等得聞世尊藥師瑠璃光如来名号乃至睡
中亦以佛名覺悟其耳世尊若於此經受持讀

BD00980　藥師琉璃光如來本願功德經

中亦以佛名覺悟其耳世尊若於此經受持讀
誦或復為他演說開示若自書若教人書恭敬
尊重以種種華香塗香末香燒香花鬘瓔珞幡
蓋伎樂而為供養以五色綵作囊盛之掃灑
淨處敷設高座而用安處尒時四大天王與
其眷屬及餘无量百千天衆皆詣其所供養
守護世尊若此經寶流行之處有能受持以
彼世尊藥師瑠璃光如来本願功德及聞名
号當知是處无復橫死亦復不為諸惡鬼神
奪其精氣設已奪者還得如故身心安樂
佛告曼殊室利如是如是如汝所說曼殊室
利若有淨信善男子善女人等欲供養彼世
尊藥師瑠璃光如来者應先造立彼佛形像
敷清淨座而安處之散種種花燒種種香以
種種幢幡莊嚴其處七日七夜受八分齋戒

食清淨食澡浴香潔著新淨衣應生无垢濁
心无怒害心於一切有情起利益安樂慈悲
喜捨平等之心鼓樂歌讚右遶佛像復應念
彼如來本願功德讀誦此經思惟其義演說
開示隨所樂願一切皆遂求長壽得長壽求富
饒得富饒求官位得官位求男女得男女若
復有人忽得惡夢見諸惡相或怪鳥來集或
於住處百怪出現此人若以衆妙資具恭敬
供養彼世尊藥師瑠璃光如來者惡夢惡相
諸不吉祥皆悉隱沒不能為患或有水火刀
毒懸嶮惡象師子虎狼熊羆毒虵惡蠍蜈蚣
蚰蜒蚊虻等怖若能至心憶念彼佛恭敬供
養一切怖畏皆得解脫若他國侵擾盜賊反
亂憶念恭敬彼如來者亦皆解脫

BD00980　藥師琉璃光如來本願功德經

亂憶念恭敬彼如来者亦皆解脫
復次曼殊室利若有淨信善男子善女人等
乃至盡形不事餘天唯當一心歸佛法僧受持
禁戒若五戒十戒菩薩四百戒苾芻二百
五十戒苾芻尼五百戒於所受中或有毀犯
怖墮惡趣若能專念彼佛名号恭敬供養者
必定不受三惡趣生或有女人臨當產時受
於極苦若能至心稱名礼讚恭敬供養彼如
来者衆苦皆除所生之子身分具足形色端
正見者歡喜利根聰明安隱少病无有非人
奪其精氣
尒時世尊告阿難言如我稱揚彼佛世尊藥
師瑠璃光如来所有功德此是諸佛甚深行
處難可解了汝為信不阿難白言大德世尊
我於如来所說契經不生疑惑所以者何一

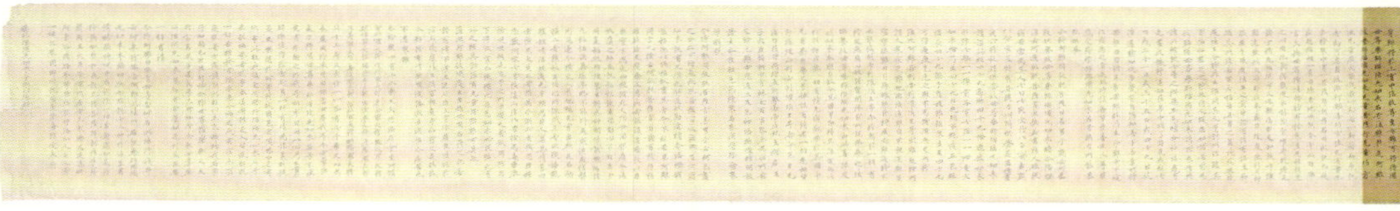

可令墮落妙高山王可使傾動諸佛所言无
有異也世尊有諸衆生信根不具聞說諸佛
甚深行處作是思惟云何但念藥師瑠璃光
如來一佛名号便獲尒所功德勝利由此不
信返生誹謗彼於長夜失大利樂墮諸惡趣
流轉无窮佛告阿難是諸有情若聞世尊藥
師瑠璃光如來名号至心受持不生疑惑墮
惡趣者无有是處阿難此是諸佛甚深所行
難可信解汝今能受當知皆是如來威力阿
難一切聲聞獨覺及未登地諸菩薩等皆悉
不能如實信解唯除一生所繫菩薩阿難人
身難得於三寶中信敬尊重亦難可得得聞
世尊藥師瑠璃光如來名号復難於是阿難
彼藥師瑠璃光如來无量菩薩行无量巧方

BD00980　藥師琉璃光如來本願功德經

世尊藥師瑠璃光如來名号復難於是阿難
彼藥師瑠璃光如來无量菩薩行无量巧方
便无量廣大願我若一劫若一劫餘而廣説
者劫可速盡彼佛行願善巧方便无有盡也
尒時衆中有一菩薩摩訶薩名曰救脫即從
座起偏袒一肩右膝著地曲躬合掌而白佛
言大德世尊像法轉時有諸衆生為種種患
之所困厄長病羸瘦不能飲食喉脣乾燥見
諸方暗死相現前父母親屬朋友知識啼泣
圍遶然彼自身卧在本處見琰魔使引其神
識至于琰魔法王之前然諸有情有俱生神
随其所作若罪若福皆具書之盡持授與琰
魔法王尒時彼王推問其人筭計所作随其
罪福而處斷之時彼病人親屬知識若能為
彼歸依世尊藥師瑠璃光如來請諸衆僧轉

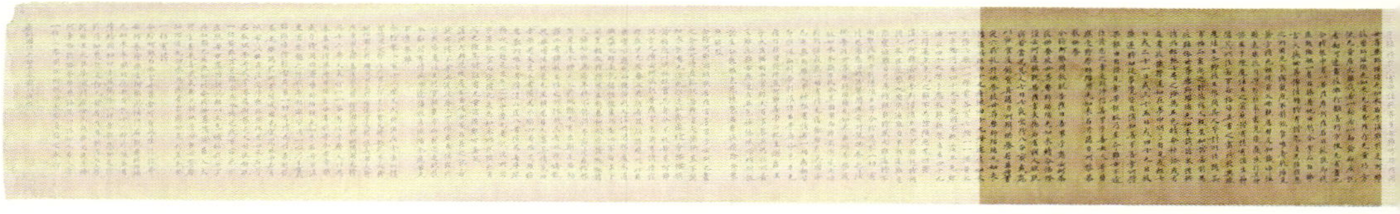

讀此經燃七層之燈懸五色續命神幡
是處彼識得還如在夢中明了自見或經七
日或二十一日或三十五日或四十九日彼
識還時如從夢覺皆自憶知善不善業所得
果報由自證見業果報故乃至命難亦不造
作諸惡之業是故淨信善男子善女人等皆
應受持藥師瑠璃光如來名號隨力所能恭
敬供養
尒時阿難問救脫菩薩曰善男子應云何恭
敬供養彼世尊藥師瑠璃光如來續命幡燈
復云何造救脫菩薩言大德若有病人欲脫
病苦當為其人七日七夜受持八分齋戒應
以飲食及餘資具隨力所辦供養苾蒭僧晝
夜六時礼拜供養彼世尊藥師瑠璃光如來
讀誦此經四十九遍然四十九燈造彼如來

BD00980　藥師琉璃光如來本願功德經

夜六時礼拜供養彼世尊藥師瑠璃光如来
讀誦此經四十九遍燃四十九燈造彼如来
形像七軀一一像前各置七燈一一燈量大
如車輪乃至四十九日光明不絶造五色綵
幡長四十九搩手應放雜類衆生至四十九
可得過度危厄之難不為諸横悪鬼所持
復次阿難若刹帝利灌頂王等灾難起時所
謂人衆疾疫難他國侵逼難自界叛逆難星
宿變怪難日月薄蝕難非時風雨難過時不
雨難彼刹帝利灌頂王等尒時應於一切有
情起慈悲心赦諸繫閉依前所説供養之法
供養彼世尊藥師瑠璃光如来由此善根及
彼如来本願力故令其國界即得安隱風雨順
時穀稼成熟一切有情无病歡樂於其國中
无有暴惡藥叉等神惱有情者一切惡相皆

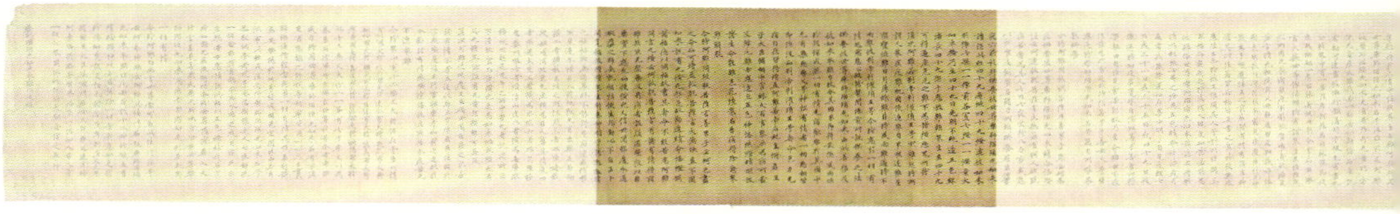

即隱沒而剎帝利灌頂王等壽命色力無
病自在皆得增益阿難若帝后妃主儲君王
子大臣輔相中宮綵女百官黎庶為病所苦
及餘厄難亦應造立五色神幡燃燈續明放
諸生命散雜色花燒眾名香病得除愈眾
難解脫
尒時阿難問救脫菩薩言善男子云何已盡
之命而可增益救脫菩薩言大德汝豈不聞
如來說有九橫死邪是故勸造續命幡燈脩
諸福德以脩福故盡其壽命不經苦患阿難
問言九橫云何救脫菩薩言有諸有情得病
雖輕然无醫藥及看病者設復遇醫授以非
藥實不應死而便橫死又信世間邪魔外道
妖孽之師妄說禍福便生恐動心不自正卜
問覓禍殺種種眾生解奏神明呼諸魍魎請

妖孽之師妄說禍福便生恐動心不自正卜
問覓禍殺種種衆生解奏神明呼諸魍魎請
乞福祐欲冀延年終不能得愚癡迷惑信邪
倒見遂令橫死入於地獄无有出期是名初
橫二者橫被王法之所誅戮三者畋獵嬉戲
耽婬嗜酒放逸无度橫為非人奪其精氣四
者橫為火焚五者橫為水溺六者橫為種種
惡獸所噉七者橫墮山崖八者橫為毒藥厭
禱呪咀起屍鬼等之所中害九者飢渴所困
不得飲食而便橫死是為如來略說橫死有
此九種其餘復有无量諸橫難可具說
復次阿難彼琰魔王主領世間名籍之記若
諸有情不孝五逆破辱三寶壞君臣法毀於
信戒琰魔法王隨罪輕重考而罰之是故我

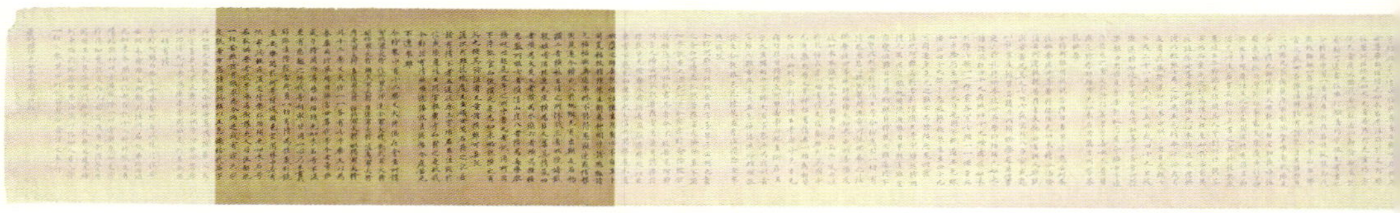

尒時衆中有十二藥叉大將俱在會坐所謂
宮毗羅大將　伐折羅大將　迷企羅大將　安底羅大將
頞你羅大將　珊底羅大將　因達羅大將　波夷羅大將
摩虎羅大將　真達羅大將　招杜羅大將　毗羯羅大將
此十二藥叉大將一一各有七千藥叉以為
眷屬同時舉聲白佛言世尊我等今者蒙佛
威力得聞世尊藥師瑠璃光如來名号不復
更有惡趣之怖我等相率皆同一心乃至盡形
歸佛法僧誓當荷負一切有情為作義利饒
益安樂隨於何等村城國邑空閑林中若有
流布此經或復受持藥師瑠璃光如來名号
恭敬供養者我等眷屬衛護是人皆使解脫
一切苦難諸有願求悉令滿足或有疾厄求
度脫者亦應讀誦此經以五色縷結我名字

度脫者亦應讀誦此經以五色縷結我名字
得如願已然後解結尒時世尊讚諸藥叉大
將言善哉善哉大藥叉將汝等念報世尊藥
師瑠璃光如来恩德者常應如是利益安樂
一切有情
尒時阿難白佛言世尊當何名此法門我等
云何奉持佛告阿難此法門名說藥師瑠璃
光如来本願功德亦名說十二神將饒益有
情結願神呪亦名拔除一切業鄣應如是持
時薄伽梵說是語已諸菩薩摩訶薩及大聲
聞國王大臣婆羅門居士天龍藥叉揵達縛
阿素洛揭路荼緊捺洛莫呼洛伽人非人等
一切大衆聞佛所說皆大歡喜信受奉行
藥師瑠璃光如来本願功德經

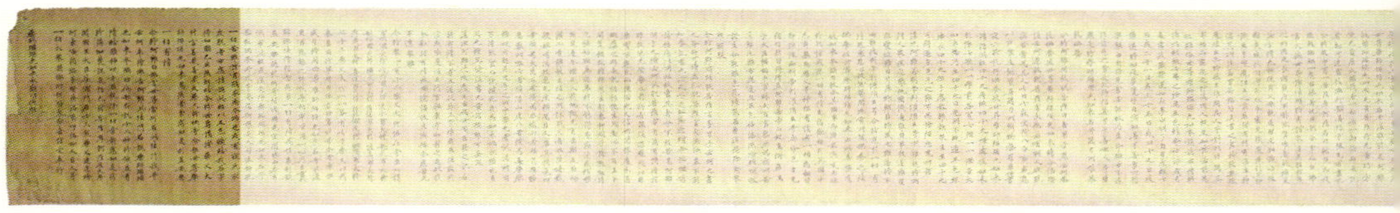

BD00980　藥師琉璃光如來本願功德經

BD00981 金光明最勝王經卷一

（唐）義净 譯

BD00981v 雜寫

370.8cm × 25cm

來現斯短壽何
以故彼諸衆生若見如來不般涅槃不生恭
敬難遭之想如來所說甚深經典亦不受持
讀誦通利爲人宣說所以者何以常見佛不
尊重故善男子譬如有人見其父母多有財
産珍寶豐盈便於財物不生希有難遭之
想所以者何於父財物生常想故善男子彼
諸衆生亦復如是若見如來不入涅槃不生
希有難遭之想所以者何由常見故善男子
譬如有人父母貧窮資財乏少然彼貧人或
詣王家或大臣舍見其倉庫種種珍財悉皆
盈滿生希有心難遭之想時彼貧人爲欲求
財廣設方便策勤無怠所以者何爲捨貧窮
受安樂故善男子彼諸衆生亦復如是若
見如來入於涅槃生難遭想乃至憂悲等想復

作是念於無量壽佛[illegible]
曇跋花時乃一現彼諸衆生發希有心起難
遭想若遇如來心生敬信聞說正法生實語
想所有經典悉皆受持不生毀謗善男子以
是因緣彼佛世尊不久住世速入涅槃善男
子是諸如來以如是等善巧方便成就衆生
尒時四佛說是語已忽然不現
尒時妙幢菩薩摩訶薩與無量百千菩薩及
無量億那庾多百千衆生俱共往詣鷲峯山
中釋迦牟尼如來正遍知所頂礼佛足在一面
立時妙幢菩薩以如上事具白世尊時四如
來亦詣鷲峯至釋迦牟尼佛所各隨本方
就座而坐告侍者菩薩言善男子汝今可詣
釋迦牟尼佛所為我致問少病少惱起居輕
利安樂行不復作是言善哉善哉釋迦牟尼

釋迦牟尼佛所爲我致問少病少惱起居輕
利安樂行不復住是言善哉善哉釋迦牟尼
如來今可演說金光明經甚深法要爲欲饒益
一切衆生除去飢饉令得安樂我當隨喜
時彼侍者各詣釋迦牟尼佛所頂禮雙足却
住一面俱白佛言彼天人師致問無量少病
少惱起居輕利安樂行不復住是言善哉善
哉釋迦牟尼如來今可演說金光明經甚深
法要爲欲利益一切衆生除去飢饉令得安
樂尒時釋迦牟尼如來應正等覺告彼侍者
諸菩薩言善哉善哉彼四如來乃能爲諸衆
生饒益安樂勸請於我宣揚正法尒時世尊而
說頌曰
我常在鷲山　宣說此經寶　成就衆生故　示現般涅槃
凡夫起邪見　不信我所說　爲成就彼故　示現般涅槃

時大衆中有婆羅門姓憍陳如名曰法師授
記與无量百千婆羅門衆供養佛已聞世尊
說入般涅槃涕淚交流前礼佛足白言世尊若
實如来於諸衆生有大慈悲憐愍利益令得
安樂猶如父母餘无等者能與世間作歸依
處如淨滿月以大智慧能為照明如日初出
普觀衆生愛無偏黨如羅怙羅願世尊施
我一願尒時世尊默然而止佛威力故於此衆
中有梨車毗童子名一切衆生喜見語婆
羅門憍陳如言大婆羅門汝今從佛欲乞何
願我能與汝婆羅門言童子我欲供養无上
世尊今從如来求請舍利如芥子許何以故
我曾聞說若善男子善女人得佛舍利如芥
子許恭敬供養是人當生三十三天而為帝

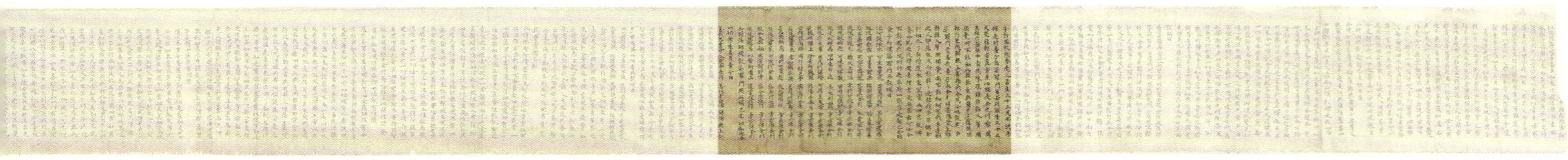

子許恭敬供養是人當生三十三天而爲帝
釋是時童子語婆羅門曰若欲願生三十三
天受勝報者應當至心聽是金光明最勝
王經於諸經中最爲殊勝難解難入聲聞
獨覺所不能知此經能生無量无邊福德果
報乃至成辦無上菩提我今爲汝略說其事
婆羅門言善哉童子此金光明甚深最上難
解難入聲聞獨覺尚不能知何況我等邊鄙
之人智慧微淺而能解了是故我今求佛舍
利如芥子許持還本處置寶函中恭敬供
養命終之後得爲帝釋常受安樂云何汝今
不能爲我從明行足求斯一願作是語已尒時
童子即爲婆羅門而說頌曰
恒河駃流水　可生白蓮花　黃鳥作白形　黑烏變爲赤
假使贍部樹　可生多羅果　朅樹羅枝中　能出菴羅菓

其[illegible]

假使用龜毛　織成上妙服　寒時可披着　方求佛舍利

假使蚊蚋足　可使成樓觀　堅固不搖動　方求佛舍利

假使水蛭蟲　口中生白齒　長大利如鋒　方求佛舍利

假使持兔角　用成於梯蹬　可昇上天宮　方求佛舍利

鼠緣此梯上　除去阿蘇羅　能障空中月　方求佛舍利

若蠅飲酒醉　周行村邑中　廣造於舍宅　方求佛舍利

若使驢脣色　赤如頻婆果　善作於歌舞　方求佛舍利

烏與鵂鶹鳥　同共一處遊　彼此相順從　方求佛舍利

假使波羅葉　可成於傘蓋　能遮於大雨　方求佛舍利

假令大舩舶　盛滿諸財寶　能令陸地行　方求佛舍利

假使鷦鷯鳥　以觜銜香山　隨處任遊行　方求佛舍利

尒時法師授記婆羅門聞此頌已亦以伽他荅

一切衆生喜見童子曰

善哉大童子　此衆中吉祥　善巧方便心　得佛無上記

善哉大童子　此衆中吉祥　善巧方便心　得佛無上記
如來大威德　能救護世間　仁可至心聽　我今次第說
諸佛境難思　世間無與等　法身性常住　修行无差別
諸佛體皆同　所說法亦尒　諸佛无作者　亦復本无生
世尊金剛體　權現於化身　是故佛舍利　無如芥子許
佛非血肉身　云何有舍利　方便留身骨　為益諸衆生
法身是正覺　法界即如來　此是佛真身　亦說如是法
尒時會中三万二千天子聞說如來壽命長遠
皆發阿耨多羅三藐三菩提心歡喜踴躍得
未曾有異口同音而說頌曰
佛不般涅槃　正法亦不滅　為利衆生故　示現有滅盡
世尊不思議　妙體無異相　為利衆生故　現種種莊嚴
尒時妙幢菩薩親於佛前及四如來并二大
士諸天子所聞說釋迦牟尼如來壽量事已
復從座起合掌恭敬白佛言世尊若實

是言佛世尊不般涅槃無舍利者云何經中
說有涅槃及佛舍利令諸人天恭敬供養過
去諸佛現有身骨流布於世人天供養得福
無邊今復言無致生疑惑唯願世尊哀愍
我等廣為分別
尒時佛告妙幢菩薩及諸大衆汝等當知云
槃涅槃有舍利者是密意說如是之義當一
心聽善男子菩薩摩訶薩如是應知有其十
法能解如來應正等覺真實理趣說有究
竟大般涅槃云何為十一者諸佛如來究竟斷
盡諸煩惱障所知障故名為涅槃二者諸佛
如來善能解了有情無性及法無性故名為
涅槃三者能轉身依及法依故名為涅槃四
者於諸有情任運休息化因緣故名為涅槃
五者證得真實無差別相平等法身故名為

BD00981　金光明最勝王經卷一

五者證得真實無差別相平等法身故名爲
涅槃六者了知生死及以涅槃無二性故名爲
涅槃七者於一切法了其根本證清淨故名
爲涅槃八者於一切法無生無滅善脩行故
名爲涅槃九者真如法界實際平等得正智
故名爲涅槃十者於諸法性及涅槃性得無
差別故名爲涅槃是謂十法說有涅槃
復次善男子菩薩摩訶薩如是應知復有十
法能解如來應正等覺真實理趣說有究竟
大般涅槃云何爲十一者一切煩惱以樂欲爲
本從樂欲生諸佛世尊斷樂欲故名爲涅槃
二者以諸如來斷諸樂欲不取一法以不取
故無去無來無所取故名爲涅槃三者以無
去來及無所取是則法身不生不滅無生滅
故名爲涅槃四者[illegible]

斷故名爲證解五者無有人法平等證得
轉依故名爲涅槃六者煩惱隨惑皆是客
塵法性是主無來無去佛了知故名爲涅
槃七者真如是實餘皆虛妄實性體者即是
真如真如性者即是如來名爲涅槃八者實際
之性無有戲論唯獨如來證實際法戲論永
斷名爲涅槃九者無生是實生是虛妄愚癡
之人漂溺生死如來體實無有虛妄名爲涅
槃十者不實之法是從緣生真實之法不從
緣起如來法身體是真實名爲涅槃善男
子是謂十法說有涅槃
復次善男子菩薩摩訶薩如是應知復有十
法能解如來應正等覺真實理趣說有究
竟大般涅槃云何爲十一者如來善知施及施
果無我我所此施及果不正分別永除滅故

果無我我所此施及果不正分別永除滅故
名爲涅槃二者如來善知戒及戒果无我我
所此戒及果不正分別永除滅故名爲涅槃
三者如來善知忍及忍果無我我所此忍及
果不正分別永除滅故名爲涅槃四者如來
善知勤及勤果無我我所此勤及果不正分別
永除滅故名爲涅槃五者如來善知定及定
果無我我所此定及果不正分別永除滅故
名爲涅槃六者如來善知慧及慧果無我
我所此慧及果不正分別永除滅故名爲涅
槃七者說佛如來善能了知一切有情非有
情一切諸法皆無性不正分別永除滅故名
爲涅槃八者若自愛著便起追求由追求故
受衆苦惱諸佛如來除自愛故永絕追求无
追求故名爲涅槃九者有爲之法皆有數量

無為行者數量有限能義[illegible]
數量故名為涅槃。十者如來了知有情及法
體性皆空離空非有空性即是真法身故
名為涅槃。善男子是謂十法說有涅槃。
復次善男子豈唯如來不般涅槃是為希
有。復有十種希有之法是如來行。云何為十。
一者生死過失涅槃寂靜，由於生死及以涅槃
證平等故，不處流轉不住涅槃，於諸有情不
生厭背，是如來行。二者佛於衆生不作是念：
此諸愚夫行顛倒見為諸煩惱之所纏迫，我
今開悟令其解脫，然由往昔慈善根力，於
彼有情隨其根性意樂勝解不起分別任運濟
度，示教利喜盡未來際無有窮盡，是如來
行。三者佛無是念：我今演說十二分教利益
有情，然由往昔慈善根力，於彼有情廣說乃

有情然由往昔慈善根力於彼有情廣說乃
至盡未來際無有窮盡是如來行四者佛无是
念我今往彼城邑聚落王及大臣婆羅門刹
帝利薜舍戍達羅等舍從其乞食然由往昔
身語意行串習力故任運詣彼為利益事而
行乞食是如來行五者如來之身無有飢渴
亦無便利羸惫之想雖行乞取而無所食亦
無分別然為任運利益有情是有食相是如來
行六者佛無是念此諸眾生有上中下隨彼
機性而為說法然佛世尊無有分別隨其器
量善應機緣為彼說法是如來行七者佛無
是念此類有情不恭敬我常於我所出呵罵
言不能與彼共為言論彼類有情恭敬於我
常於我所共相讚歎我當与彼共為言說然
而無愛憎平等無二是如來行八者諸

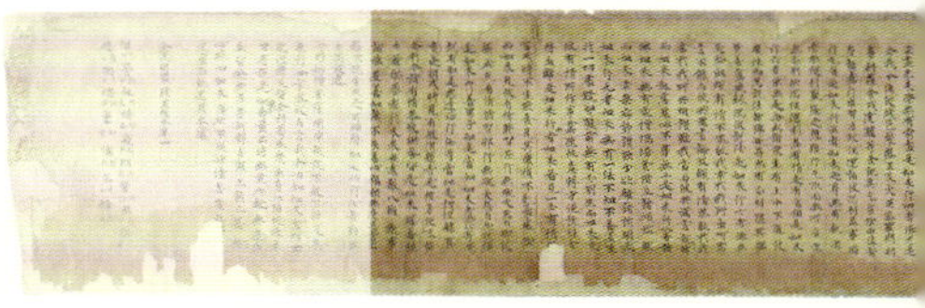

佛如来無有[illegible]
而如来常樂寂靜讚歎少欲離諸諠閙是
如来行九者如来無有一法不知不善通達
於一切處鏡智現前無有分別然而如来見
彼有情所作事業隨彼意轉方便誘引令
得出離是如来行者如来若見一分有情行
富盛時不生歡喜見其衰損不起憂感然
而如来見彼有情脩習正行無礙大慈自然救
攝若見有情脩習邪行無礙大悲自然救攝
是如来行善男子如是當知如来應正等覺
說有如是無邊正行汝等當知是謂涅槃真
實之相或時見有般涅槃者是權方便及留
舍利令諸有情恭敬供養皆是如来慈善根
力若供養者於未来世遠離八難逢事
諸佛遇善知識不失善心福報無邊速當出

BD00981　金光明最勝王經卷一

加若與眷屬者於未來世遠離八難逢事
諸佛遇善知識不失善心福報無邊速當出
離不為生死之所纏縛如是妙行汝等勤脩
勿為放逸
尒時妙幢菩薩聞佛親說不般涅槃及甚
深行合掌恭敬白言我今始知如來大師不
般涅槃及留舍利普益衆生身心踊悅歎未
曾有說是如來壽量品時無量無數無邊衆
生皆發無等等阿耨多羅三藐三菩提
心時四如來忽然不現妙幢菩薩礼
從座而起還其本處

金光明最勝王經卷第一

羸失是言燕史所專補竝尼肉而著燕鳥郎寫了

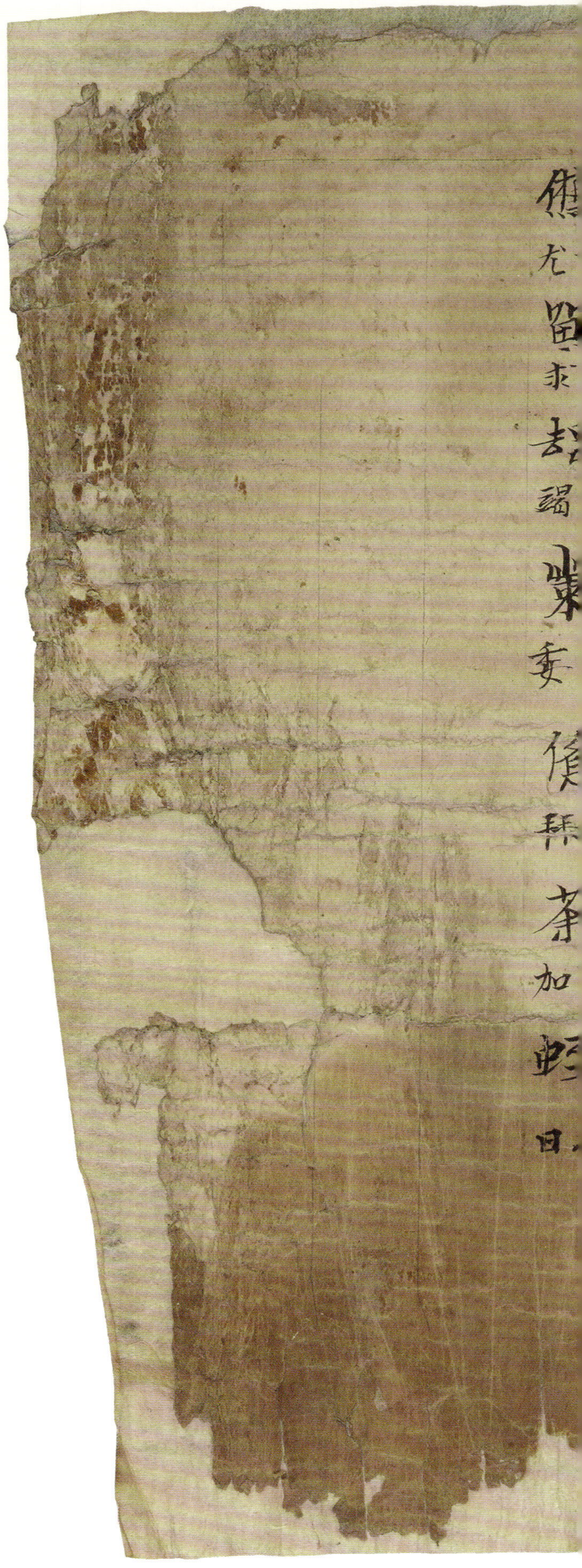

BD00981　金光明最勝王經卷一

妙沙弥智覺潤盈保盈

BD00981v 雜寫

BD00982 大般涅槃經卷一

（北涼）曇無讖 譯

883cm × 26.4cm

作歸依屋舍室
貴世尊將欲涅槃一切衆生若有所疑今
悉可問為最後問
尒時世尊於晨朝時從其面門放種種光其
明雜色青黃赤白頗梨馬瑙光遍照此三千
大千佛之世界乃至十方亦復如是其中所
有六趣衆生遇斯光者罪垢煩惱一切消除
是諸衆生見聞是已心大憂愁同時舉聲悲
啼號哭嗚呼慈父痛哉苦哉舉手拍頭搥胷
叫喚其中或有身體戰慄涕泣哽咽
尒時大地諸山大海皆悉震動時諸衆生共
相謂言且各裁抑莫大愁苦當疾往詣拘尸
那城力士生處至如來所頭面禮敬勸請如
來莫般涅槃住世一劫若減一劫互相執手

增長出世仁等今當速往速往如來不久必
入涅槃復作是言世間虛空世間虛空我等
從今无有救護无所宗仰貧窮孤露一旦遠
離无上世尊設有疑惑當復問誰
時有无量諸大弟子尊者摩訶迦旃延尊
者薄俱羅尊者優波難陁如是等諸大比丘遇
佛光者其身戰怖乃至大動不能自持心濁
迷悶發聲大喚生如是等種種苦惱
尒時復有八十百千諸比丘等皆阿羅漢心
得自在所作已辦離諸煩惱調伏諸根如大
龍王有大威德成就空慧逮得己利如旃檀
林旃檀圍遶如師子王師子圍遶成就如是
无量功德一切皆是佛之真子於其晨朝日
始初出離常住處嚼楊枝時遇佛光明並相

无量功德一切皆是佛之真子於其晨朝日
始初出離常住處嚼楊枝時遇佛光明並相
謂言仁等速疾漱口澡手作是言已舉身毛
竪遍體血現如波羅奢華涕泣盈目生大苦
惱為欲利益安樂衆生成就大乘第一空行
顯發如來方便密教為不斷絕種種説法為
諸衆生調伏因緣故疾至佛所稽首佛足遶
百千匝合掌恭敬却坐一面
尒時復有拘陁羅女善賢比丘尼優波難陁
比丘尼海意比丘尼與六十億比丘尼等一
切亦是大阿羅漢諸漏已盡心得自在所作
已辦離諸煩惱調伏諸根猶如大龍有大威
德成就空慧亦於晨朝日初出時舉身毛竪
遍體血現如波羅奢華涕泣盈目生大苦惱
亦欲利益安樂衆生成就大乘第一空行顯

發如來方便密教爲不斷絶種種言說爲諸
衆生調伏因緣故疾至佛所稽首佛足遶百
千迊合掌恭敬却坐一面於比丘尼衆中復
有諸比丘尼皆是菩薩人中之龍位階十地
安住不動爲化衆生現受女身而常脩習四
无量心得自在力能化作佛
尒時復有一恒河沙菩薩摩訶薩人中之龍
位階十地安住不動方便現身其名曰海德
菩薩无盡意菩薩如是等菩薩摩訶薩而爲
上首其心皆悉敬重大乘安住大乘深解大
乘受樂大乘守護大乘善能隨順一切世間
作是誓言諸未度者當令得度已於過世
无數劫中脩持淨戒善持所行解未解者紹
三寶種使不斷絶於未來世當轉法輪以大莊
嚴而自莊嚴成就如是无量功德等觀衆生

BD00982　大般涅槃經卷一

三寶種使不斷絶於未來世常轉法輪以大莊
嚴而自莊嚴成就如是无量功德等觀衆生
如視一子亦於晨朝日初出時遇佛光明舉
身毛竪遍體血現如波羅奢華涕泣盈目生
大苦惱亦爲利益安樂衆生成就大乘第一
空行顯發如来方便密教爲不斷絶種種說
法爲諸衆生調伏因緣故疾至佛所稽首佛
足遶百千迊合掌恭敬却坐一面
尒時復有二恒河沙等諸優婆塞受持五戒
威儀具足其名曰威德无垢稱王優婆塞善
德優婆塞等而爲上首深樂觀察諸對治門
所謂苦樂常无常淨不淨我无我實不實歸
依非歸依衆生非衆生恒非恒安非安爲无
爲斷不斷涅槃非涅槃增上非增上常樂觀
察如是等法對治之門亦欲樂聞无上大乘

如所脩已能爲他說善於諮受演說大乘解
自充足復能充足餘渴仰者善能攝取无
上智慧愛樂大乘守護大乘善能隨順一切
世間度未度者解未解者紹三寶種使不斷
絶於未來世當轉法輪以大莊嚴而自莊嚴
心常深味清淨戒行悉能成就如是功德於
諸衆生生大悲心平等无二如視一子亦於
晨朝日初出時爲欲闍毗如來身故人人各
取香木万束栴檀沉水牛頭栴檀天木香等
是一一木文理及附皆有七寶微妙光明譬如
種種雜綵畫飾以佛力故有是妙色青黃
赤白爲諸衆生之所樂見諸木皆以種種香
塗欝金沉水及膠香等散以諸華而爲莊
嚴優鉢羅華拘物頭華波頭摩華分陁利華
諸香木上懸五色幡柔軟微妙猶如天衣憍奢

嚴優鉢羅華拘物頭華波頭摩華分陁利華
諸香木上懸五色幡柔軟微妙猶如天衣憍奢
耶衣芻摩繒綵是諸香木載以寶車是諸寶
車出種種光青黃赤白轅輻皆以七寶廁填
是一一車駕以四馬是一一馬駿疾如風一一
車前竪立五十七寶妙幢真金羅網彌覆
其上一一寶車復有五十微妙寶蓋一一車上
垂諸華鬘優鉢羅華拘物頭華波頭摩華
分陁利華其華純以真金為葉金剛為臺是
華臺中多有黑蜂遊集其中歡娛受樂又出
妙音所謂无常苦空无我是音聲中復說菩
薩本所行道復有種種歌儛伎樂箏笛箜
篌簫瑟鼓吹是樂音中復出是言苦哉苦
哉世間虛空一一車前有優婆塞擎四寶案
是諸案上有種種華優鉢羅華拘物頭

[illegible]
第一諸優婆塞爲佛及僧辨諸食具種種備
足皆是旃檀沉水香薪八功德水之所成熟其
食甘美有六種味一苦二酢三甘四辛五鹹六
淡復有三德一者輕軟二者淨潔三者如法作
如是等種種莊嚴至力士生處娑羅雙樹間
復以金沙遍布其地以迦陵伽衣欽婆羅
衣及繒綵衣而覆沙上周迊遍滿十二由旬爲
佛及僧敷置七寶師子之座其座高大如
須弥山是諸座上皆有寶帳垂諸瓔珞諸
娑羅樹悉懸種種微妙幡蓋種種好香以
塗樹身種種名華以散樹間諸優婆塞各作是
念一切衆生若有所之須食與食須飲與飲
須頭與頭須目與目隨諸衆生所須之物皆
悉給與作是施時離欲瞋恚穢濁毒心無

須頭與頭須目與目隨諸衆生所須之物皆
悉給與作是施時離欲瞋恚癡濁毒心无餘
思惟求世福樂唯期无上清淨菩提是優
婆塞等皆已安住於菩薩道復作是念如來
今者受我食已當入涅槃作是念已身毛皆竪
遍體血現如波羅奢華涕泣盈目生大苦惱
各各賫持供養之具載以寶車香木幢幡寶
蓋飲食疾至佛所稽首佛足以其所持供養之
具供養如來遶百千匝舉聲號泣哀動天地
推胷大叫淚下如雨復相謂言苦哉仁者世間
虛空世間虛空便自舉身投如來前而白
佛言唯願如來哀受我等最後供養世尊
知時嘿然不受如是三請悉皆不許諸優婆
塞不果所願心懷悲惱嘿然而住猶如慈父唯
有一子卒病喪亡殯送其屍置之冢間歸還

[illegible]
是以諸供具安置一處却在一面嘿然而坐
尒時復有三恒河沙諸優婆夷受持五戒
威儀具足其名曰壽德優婆夷德鬘優婆
夷毗舍佉優婆夷等八万四千而為上首悉
能堪任護持正法為度无量百千衆生故
現女身呵責家法自觀己身如四毒虵是身
常為无量諸虫之所唼食是身臭穢貪欲獄
縛是身可惡猶如死狗是身不淨九孔常流是
身如城血肉筋骨皮裹其上手足以為却敵樓
櫓目為窓孔頭為殿堂心王處中如是身城
諸佛世尊之所棄捨凡夫愚人常所味著貪
婬瞋恚愚癡羅剎止住其中是身不堅猶
如蘆葦伊蘭水沫芭蕉之樹是身无常念
念不住猶如電光暴水幻炎亦如畫水隨畫

如蘆葦伊蘭水沫芭蕉之樹是身无常念
念不住猶如電光暴水幻炎亦如畫水隨畫
隨合是身易壞猶如河岸臨峻大樹是身不
久當為狐狼鵄梟鵰鷲烏鵲餓狗之所食
噉誰有智者當樂此身寧以牛跡盛大海水
不能具說是身无常不淨臭穢寧丸大地使
如棗等漸漸轉小猶葶藶子乃至微塵不能
具說是身過患是故當捨如棄涕唾以是因
緣諸優婆夷以空无相无願之法常脩其心深
樂諮受大乘經典聞已亦能為他演說說持本
願毀呰女身甚可患厭性不堅牢心常脩習
如是正觀破壞生死无際輪轉渴仰大乘既自
充足復能充足餘渴仰者深樂大乘守護
大乘雖現女身實是菩薩善能隨順一切世間
度未度者解未解[illegible]

…轉法輪以大莊嚴而自莊嚴堅持禁
戒皆悉成就如是功德於諸衆生生大悲心平
等无二如視一子亦於晨朝日初出時各相
謂言今日宜應至雙樹閒諸優婆夷所設供
具倍勝於前持至佛所稽首佛足遶百千匝
而白佛言世尊我等今者為佛及僧辦諸供
具唯願如來哀受我供如來嘿然而不許可
諸優婆夷不果所願心懷惆悵却住一面
尒時復有四恒河沙毗耶離城諸離車等男
女大小妻子眷屬及閻浮提諸王眷屬為求
法故善脩戒行威儀具足摧伏異學壞正法
者常相謂言我等當以金銀倉庫為令甘露
无盡正法深奧之藏久住於世願令我等常
得脩學若有誹謗佛正法者當斷其舌復
作是願言有出家毀禁戒者我當罷令還俗

得脩學若有誹謗佛正法者當斷其舌復
作是願若有出家毀禁戒者我當罷令還俗
業使有能深樂護持正法我當敬重如事父
母若有衆僧能脩正法我當隨喜令得勢力
常欲樂聞大乘經典聞已亦能爲人廣說皆
悉成就如是功德其名曰淨无垢藏離車子淨
不放逸離車子恒水无垢淨德離車子如是
等各相謂言仁等今可速往佛所所辦供養
種種具足一一離車各嚴八万四千大象八万
四千四馬寶車八万四千明月寶珠 天木
旃檀沉水薪束種種各有八万四千一一象前
有寶幢幡蓋其蓋小者周匝縱廣滿一由
旬幡最短者長三十二由旬寶幢卑者高百
由旬持如是等供養之具往至佛所稽首佛

及僧新設供具唯願如來哀受我供如來嘿
然而不許可諸離車等不果所願心懷愁惱
以佛神力去地七多羅樹於虛空中嘿然而
住
尒時復有五恒河沙大臣長者敬重大乘若
有異學謗正法者是諸人等力能摧伏猶如
雹雨摧折草木其名曰日光長者護世長者
護法長者如是之等而為上首所設供具五
倍於前俱共往詣娑羅雙樹閒稽首佛足遶
百千帀而白佛言世尊我等今者為佛及僧
設諸供具唯願哀愍受我等供如來嘿然而
不受之諸長者等不果所願心懷愁惱以佛
神力去地七多羅樹於虛空中嘿然而住
尒時復有毗舍離王及其後宮夫人眷屬閻

尒時復有毗舍離王及其後宮夫人眷屬閻
浮提內所有諸王除阿闍世并及城邑聚落
人民其名曰月无垢王等各嚴四兵欲往佛
所是一一王各有一百八十万億人民眷屬
是諸車兵駕以駟馬鳴有六牙馬疾如風莊
嚴供具六倍於前寶蓋之中有極小者周帀
縱廣滿八由旬幡極短者十六由旬寶幢卑
者三十六由旬是諸王等皆悉安住於正法
中惡賤耶法敬重大乘深樂大乘憐愍衆生
等如一子所持飲食香氣流布滿四由旬亦
於晨朝日初出時持是種種上妙甘膳詣雙
樹間至如來所而白佛言世尊我等為佛及
比丘僧設是供具唯願如來哀愍受我最後
供養如來知時亦不許可是諸王等不果所
願心懷愁惱却住一面

爾時復有七恒河沙諸王夫人唯除阿闍世
王夫人為度衆生現受女身常觀身行以空
无相无願之法薰脩其心其名曰三界妙夫
人愛德夫人如是等諸王夫人皆悉安住於
正法中脩行禁戒威儀具足憐愍衆生等
如一子各相謂言今宜速往詣世尊所諸王夫
人所設供養七倍於前香華寶幢繒綵幡蓋
上妙飲食寶蓋小者周匝縱廣十六由旬幡
最短者三十六由旬寶幢卑者六十八由旬
飲食香氣周遍流布滿八由旬持如是等供
養之具往如來所稽首佛足遶百千匝而白
佛言世尊我等為佛及比丘僧設是供具唯
願如來哀愍受我最後供養如來知時嘿然
不受時諸夫人不果所願心懷愁惱自拔頭髮
椎胸大哭如母新喪所愛之子却住一面默

不受時諸夫人不果所願心懷愁惱自拔頭髮
推胷大哭猶如新喪所愛之子却在一面嘿
然而住
尒時復有八恒河沙諸天女等其名曰廣目
天女而爲上首作如是言汝等諸姊諦觀諦
觀是諸人衆所設種種上妙供具欲供如來及
比丘僧我等亦當如是嚴設微妙供具供養
如來如來受已當入涅槃諸姊諸佛如來出
世甚難最後供養亦復倍難若佛涅槃世間
虛空是諸天女愛樂大乘欲聞大乘聞已亦
能爲人廣說渴仰大乘既自充足復能充足
餘渴仰者守護大乘若有異學憎嫉大乘勢
能摧滅如雹摧草護持戒行威儀具足善能
隨順一切世間疾未度者脫未脫者於未來世
當轉法輪紹三寶種使不斷絶脩學大乘人

大莊嚴而自莊嚴成就如是無量功德等慈
衆生如視一子亦於晨朝日初出時各取種
種天木香等倍於人間所有香木其木香氣
能滅人中種種臭穢白車白蓋駕四白馬一
一車上皆張白帳其帳四邊懸諸金鈴種種
香華寶幢幡蓋上妙甘饍種種伎樂敷師子
座其座四足純紺瑠璃於其座後各各皆有
七寶倚床一一座前復有金机復以七寶而為
燈樹種種寶珠以為燈明微妙天華遍布
其地是諸天女設是供已心懷哀感涕淚交
流生大苦惱亦為利益安樂衆生成就大乘
第一空行顯發如來方便密教亦為不斷種
種說法注詣佛所稽首佛足遶百千帀而白
佛言世尊唯願如来哀受我等寂後供養
如來知時黙然不受諸天女等不果所願心懷

佛言世尊唯願如來哀受我等㝡後供養
如來知時嘿然不受諸天女等不果所願心懷
憂惱却在一面嘿然而坐
尒時復有九恒河沙諸龍王等住於四方其
名曰和脩吉龍王難陀龍王婆難陀龍王而
為上首是諸龍王亦於晨朝日初出時設諸
供具倍於人天持至佛所稽首佛足遶百千
帀而白佛言唯願如來哀受我等㝡後供
養如來知時嘿然不受是諸龍王不果所願
心懷愁惱却坐一面
尒時復有十恒河沙等諸鬼神王毗沙門王
而為上首各相謂言仁等今者可速詣佛所
設供具倍於諸龍持往佛所稽首佛足遶百
千帀而白佛言唯願如來哀受我等㝡後供
養如來知時嘿然不受是諸鬼王不果所願

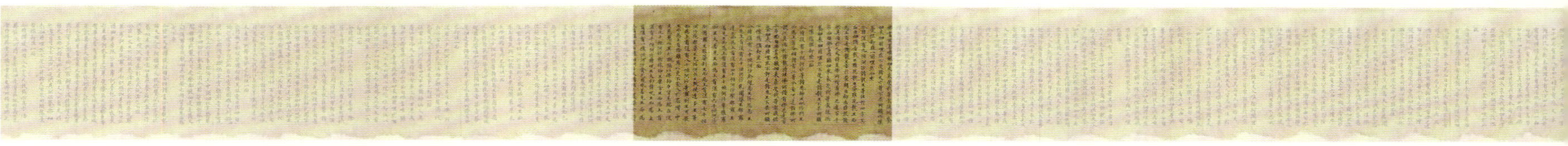

心悕去至一

尒時復有二十恒河沙金翅鳥王降怨鳥王
而為上首復有三十恒河沙乾闥婆王那羅
達王而為上首復有四十恒河沙緊那羅王
善見王而為上首復有五十恒河沙摩睺羅
伽王大善見王而為上首復有六十恒河沙
阿脩羅王睒婆利王而為上首復有七十恒
河沙陁那婆王无垢河水王跋提達多王等
而為上首復有八十恒河沙等羅刹王可畏
王而為上首捨離惡心更不食人於怨憎中
生慈悲心其形醜陋以佛神力皆悉端正復
有九十恒河沙樹林神王樂香王而為上首
復有千恒河沙持呪王大幻持呪王而為上
首復有一億恒河沙貪色鬼魅善見王而為
上首復有百億恒河沙天諸婇女藍婆女等

首復有一億恒河沙貪色鬼魅善見王而為
上首復有百億恒河沙天諸婇女藍婆女欝
婆尸女帝路沾女毗舍佉女而為上首復有
千億恒河沙地諸鬼王白濕王而為上首復
有十万億恒河沙等諸天子及諸天王四天
王等復有十万億恒河沙等四方風神吹諸
樹上時非時華散雙樹間復有十万億恒河
沙主雲雨神皆作是念如来涅槃焚身之時
我當注雨令火時滅衆中熱悶為作清涼
復有二十恒河沙大香象王羅睺象王金色
象王甘味象王紺眼象王欲香象王等而為
上首敬重大乘愛樂大乘知佛不久當般
涅槃各各拔取无量无邊諸妙蓮華来至
佛所頭面礼佛却住一面
復有二十恒河沙等師子獸王師子吼王而

至佛所稽首佛足却住一面
復有二十恒河沙等諸飛鳥王鳧鴈鴛鴦
孔雀諸鳥乾闥婆鳥迦蘭陁鳥鸜鵒鸚鵡俱
翅羅鳥婆嘻伽鳥迦陵頻伽鳥耆婆耆婆
鳥如是等諸鳥持諸華菓来至佛所稽首佛
足却住一面
復有二十恒河沙等水牛牛羊往至佛所
出妙香乳其乳流滿拘尸那城所有溝坑
色香美味悉皆具足成是事已却住一面
復有二十恒河沙等四天下中諸神仙人忍
辱仙等而為上首持諸香華及諸甘菓来
詣佛所稽首佛足遶佛三帀而白佛言唯願
世尊哀受我等最後供養如来知時嘿然不

世尊哀受我等㝡後供養如来知時嘿然不
許時諸仙人不果所願心懷愁惱却住一
面閻浮提中一切蜂王妙音蜂王而為上首
持種種華来詣佛所稽首佛足遶佛一帀
却住一面
尒時閻浮提中比丘比丘尼一切皆集唯除
尊者摩訶迦葉阿難二衆復有无量阿僧祇
恒河沙等世界中間及閻浮提所有諸山須
弥山王而為上首其山荘嚴叢林蓊欝諸
樹茂盛枝條扶踈蔭蔽日光種種妙華周遍
而有龍泉流水清淨香潔諸天龍神乹闥婆
阿脩羅迦樓羅緊那羅摩睺羅伽神仙呪術作
倡伎樂如是等衆弥滿其中是等諸山神亦
来詣佛稽首佛足却住一面復有阿僧祇恒
河沙等四大海神及諸河神有大威德具

[illegible]
明悉蔽日月令不復現以占婆華散熈連河
来至佛所稽首佛足却住一面
尒時拘尸那城娑羅樹林其林變白猶如白
鵠於虛空中自然而有七寶堂閣雕文刻鏤
綺飾分明周帀欄楯衆寶雜廁堂下多有流
泉浴池上妙蓮華弥滿其中猶如北方欝單
日國亦如忉利歡喜之園尒時娑羅樹林中
間種種荘嚴甚可愛樂亦復如是是諸天
人阿脩羅等咸覩如来涅槃之相皆悉悲感愁
憂不樂
尒時四天王釋提桓因各相謂言汝等觀察
諸天世人及阿脩羅大設供養欲於最後供
養如来我等亦當如是供養若我最後得
供養者檀波羅蜜則為成就滿足不難

養如来我等亦當如是供養若我最後得
供養者檀波羅蜜則為成就滿足不難
尒時四天王所設供養倍勝於前持曼陁羅
華摩訶曼陁羅華迦枳樓伽華摩訶迦枳
樓伽華曼殊沙華摩訶曼殊沙華散多尼
迦華摩訶散多尼迦華愛樂華大愛樂華普
賢華大普賢華時華大時華香城華大香城
華歡喜華大歡喜華發欲華大發欲華香醉
華大香醉華普香華大普香華天金葉華龍華
波利質多樹華枸毗羅樹華復持種種上妙甘
饍來至佛所稽首佛足是諸天人所有光明
能覆日月令不復現以是供具欲供養佛如
来知時嘿然不受尒時諸天不果所願愁憂
苦惱却住一面
尒時釋提桓因及三十三天

樂持得勝堂并諸小堂來至佛所稽首佛足
而白佛言世尊我等深樂愛護大乘唯願如
來哀受我食如來知時嘿然不受時諸釋天
不果所願心懷愁惱却住一面乃至第六天
所設供養展轉勝前寶幢幡蓋寶蓋小者
覆四天下幡最短者周圍四海幢最卑者至
自在天微風吹幡出妙音聲持上甘饍來詣
佛所稽首佛足白佛言世尊唯願如來哀受
我等最後供養如來知時嘿然不受是諸
天等不果所願心懷愁惱却住一面上至有頂
其餘梵眾一切來集
尒時大梵天王及餘梵眾放身光明遍四天
下欲界人天日月光明悉不復現持諸寶幢

BD00982　大般涅槃經卷一

下欲界人天日月光明悉不復現持諸寶幢
繒綵幡蓋幡極短者懸於梵宮至娑羅樹
間來詣佛所稽首佛足白佛言世尊唯願如
來哀受我等最後供養如來知時嘿然不
受尒時諸梵不果所願心懷愁惱却住一面
尒時毗摩質多阿脩羅王與无量阿脩羅大
眷屬俱身諸光明勝於梵天持諸寶幢繒綵
幡蓋其蓋小者覆千世界上妙甘饍來詣佛
所稽首佛足而白佛言唯願如來哀受我等
最後供養如來知時嘿然不受諸阿脩羅不
果所願心懷愁惱却住一面
尒時欲界魔王波旬與其眷屬諸天綵女无
量无邊阿僧祇衆開地獄門施清淨水因而
告曰汝等今者无所能為唯當專念如來應
正遍知建立最後隨喜供養當令汝等長夜

獲安時魔波旬於地獄中悉除刀劍無量苦
毒熾燃炎火注雨滅之以佛神力復發是心
令諸眷屬皆捨刀劍弓弩鎧仗鉾矟長鉤金
鎚鉞斧鬪輪羂索所持供養倍勝一切人天
所設其蓋小者覆中千界來至佛所稽首
佛足而白佛言我等今者愛樂大乘守護大
乘世尊若有善男子善女人為供養故為怖
畏故為誑他故為財利故為隨他故受是大
乘或真或偽我等爾時當為是人除滅怖畏
說如是呪
啅枳　吒吒羅　啅枳盧呵隸　摩訶盧呵隸
阿羅　遮羅　多羅莎呵
是呪能令諸失心者怖畏者說法者不斷正
法者為伏外道故護己身故護正法故護大

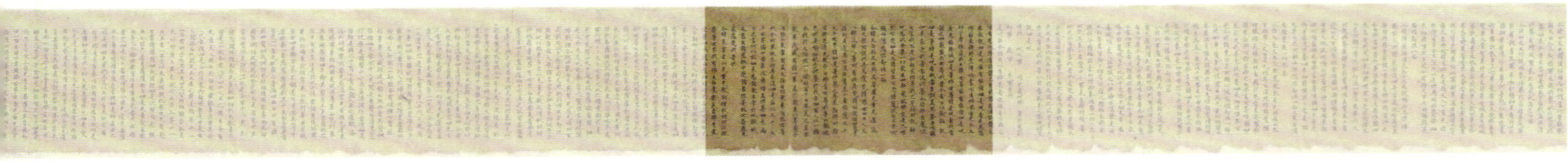

法者為伏外道故謂己身故謂正法故謂大
乘故說如是呪若有能持如是呪者无惡㝵
怖若至曠野空澤嶮處不生怖畏亦无水火
師子虎狼盜賊王難世尊若有能持如是呪
者悉能除滅如是等怖世尊持是呪者我當
護之如龜藏六世尊我等今者不以諂詐說
如是事持是呪者我當至誠益其勢力唯願
如來哀受我等㝡後供養尒時佛告魔波
旬言我不受汝飲食供養我已受汝所說神
呪為欲安樂一切衆生四部衆故佛說是已嘿
然不受如是三請皆亦不受時魔波旬不果所
願心懷愁惱却住一面
尒時大自在天王與其眷屬无量无邊及
諸天衆所設供具悉覆梵釋護世四王人天
八部及非人等所有供具梵釋所受猶如聚墨

大千世界持如是等供養之具來詣佛所稽
首佛足遶无數帀白佛言世尊我等所獻微
末供具喻如蚊子供養於我亦如有人以一掬
水投於大海燃一小燈助百千日春夏之月衆
華茂盛有持一華益於衆華以葶藶子
益須弥山豈當有益大海日明衆華須弥世尊
我今所奉微末供具亦復如是若以三千大
千世界滿中香華伎樂幡蓋供養如來尚
不足言何以故如來爲諸衆生常於地獄餓
鬼畜生諸惡趣中受諸苦惱是故世尊應見
哀愍受我等供
尒時東方去此无量无數阿僧祇恒河沙微
塵等世界彼有佛土名意樂美音佛号虚

塵等世界彼有佛土名意樂美音佛号虛
空等如来應正遍知明行足善逝世間解无
上士調御丈夫天人師佛世尊尒時彼佛即告
第一大弟子言善男子汝今宜往西方娑婆
世界彼土有佛号釋迦牟尼如来應正遍知
明行足善逝世間解无上士調御丈夫天人
師佛世尊彼佛不久當般涅槃善男子汝可持
此世界香飯其飯香美食之安隱可以奉獻彼
佛世尊世尊食已入般涅槃善男子并可礼敬
請決所疑尒時无邊身菩薩摩訶薩即受佛
教從座而起稽首佛足右遶三帀與无量阿
僧祇菩薩俱從彼國發来至此娑婆世界應
時此間三千大千世界大地六種震動於是
衆中梵釋四天王魔王波旬摩醯首羅如

威德殄滅无餘是時文殊師利法王子即從
座起告諸大衆諸善男子汝等勿怖汝等勿
怖何以故東方去此无量无數阿僧祇恒河
沙微塵等世界有世界名意樂美音佛号
虛空等如来應正遍知十号具足彼有菩薩名
无邊身與无量菩薩欲来至此供養如来以
彼菩薩威德力故令汝身光悉不復現是故
汝等應生歡喜勿懷恐怖尒時大衆悉皆遥
見彼佛大衆如明鏡中自覩己身時文殊師
利復告大衆汝今所見彼佛大衆如見此佛以
佛神力復當如是得見九方无量諸佛尒時
大衆各相謂言苦哉苦哉世間虛空如来不
久當般涅槃是時大衆一切悉見无邊身菩

久當般涅槃是時大衆一切悉見无邊身菩
薩及其眷屬是菩薩身一一毛孔各各出生
一大蓮華一一蓮華各有七万八千城邑縱廣
正等如毗耶離城墻壁諸塹七寶雜廁多
羅寶樹七重行列人民熾盛安隱豊樂閻浮
檀金以為却敵一一却敵各有種種七寶林
樹華菓茂盛微風吹動出微妙音其聲和
雅猶如天樂城中人民聞是音聲即得受於上
妙快樂是諸塹中妙水盈滿清淨香潔如真
瑠璃是諸水中有七寶船諸人乘之遊戲沐
浴共相娛樂快樂无極復有无量雜色蓮華
優鉢羅華拘物頭華波頭摩華分陁利華
其華縱廣猶如車輪其塹岸上多有園林一一
園中有五泉池是諸池中復有諸華優鉢羅
華拘物頭華波頭摩華分陁利華其華縱

廣寸如車輪香氣芬馥甚可愛樂其水清淨
柔軟第一鳧鴈鴛鴦遊戲其中其園各有衆寶
宮宅一一宮宅縱廣正等滿四由旬所有墻
壁四寶所成所謂金銀瑠璃頗梨真金爲向
周帀欄楯玫瑰爲地金沙布上是宮宅中多
有七寶流泉浴池一一池邊各有十八黃金
梯階閻浮檀金爲芭蕉樹如忉利天歡喜之
園是二城各有八万四千人王一一諸王各有
无量夫人綵女共相娛樂歡喜受樂其餘
人民亦復如是各於住處共相娛樂是中衆生
不聞餘名純聞无上大乘之聲是諸華中一
一各有師子之座其座四足皆紺瑠璃柔軟素
衣以布座上其衣微妙出過三界一一
座上有一王坐以大乘法教化衆生或有衆

座上有一王坐以大乘法教化衆生或有衆
生書持讀誦如說脩行如是流布大乘經
典尒時无邊身菩薩安屲如是无量衆生於
自身已令捨世樂皆作是言苦哉苦哉世間
虛空如來不久當般涅槃尒時无邊身菩薩
與无量菩薩周帀圍遶示現如是神通力已
持是種種无量供具及以上妙香美飲食若
有得聞是食香氣煩惱諸垢皆悉消滅以是
菩薩神通力故一切大衆悉皆得見如是變
化无邊身菩薩身大无邊量同虛空唯除諸
佛餘无能見是菩薩身其量邊際尒時无邊
身菩薩及其眷屬所設供養倍勝於前來
至佛所稽首佛足合掌恭敬白佛言世尊唯
願哀愍受我等食如來知時嘿然不受如是三
請悉亦不受尒時无邊身菩薩及其眷屬

菩薩所持供養倍勝於前來至佛所乃至
却住一面皆亦如是
尒時娑羅雙樹吉祥福地縱廣三十二由旬
大眾充滿間无空缺尒時四方无邊身菩薩
及其眷屬所坐之處或如錐頭針鋒微塵十
方如微塵等諸佛世界諸大菩薩悉來集
會及閻浮提一切大眾亦悉來集唯除尊者摩
訶迦葉阿難二眾阿闍世王及其眷屬乃至
毒虵視能煞人蜣蜋蝮蝎及十六種行惡業者
一切来集陁那婆神阿脩羅等悉捨惡念皆
悉慈心如父如母如姊如妹三千大千世界眾
生慈心相向亦復如是除一闡提
尒時三千大千世界以佛神力故地皆柔軟

尒時三千大千世界以佛神力故地皆柔軟
无有丘墟土沙礫石荊棘毒草衆寶莊嚴
猶如西方无量壽佛極樂世界是時大衆悉
見十方如微塵等諸佛世界如於明鏡自觀
已身見諸佛土亦復如是
尒時如來面門所出五色光明其光明曜覆諸
大會令彼身光悉不復現所應作已還從口
入時諸天人及諸會衆阿脩羅等見佛光明
還從口入皆大恐怖身毛爲竪復作是言如
來光明出已還入非无因緣必於十方所作已
辦將是㝡後涅槃之相何其苦哉何其苦哉
如何世尊一旦捨離四无量心不受人天所
奉供養聖慧日月從今永滅无上法船於
斯沈没嗚呼痛哉世間大苦舉手推胷
悲啼號哭支節戰動不能自持身諸毛孔

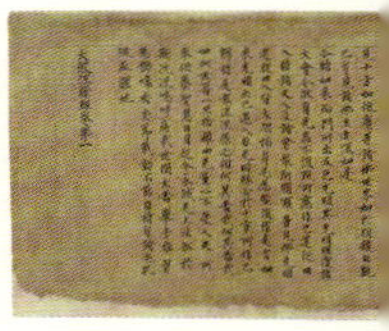

大般涅槃經卷第一

BD00983 金剛般若波羅蜜經

（後秦）鳩摩羅什 譯

BD00983v 大般涅槃經義記卷二

（隋）慧遠 述

248cm × 27cm

功德
如是人等
三藐三菩提何以故須
我見人見衆生見壽者
受讀誦爲人解說須菩
經一切世間天人阿脩
處則爲是塔皆應恭敬
而散其處
子善女人受持讀誦此經
先世罪業應墮惡道以今
世罪業則爲消滅當得阿耨
菩提須菩提我念過去无量阿
燈佛前得值八百四千万億那
佛悉皆供養承事无空過者若復有
後末世能受持讀誦此經所得功德

[illegible]
乃至筭數譬喻所不能及須菩提若善男子
善女人於後末世有受持讀誦此經所得功
德我若具說者或有人聞心則狂亂狐疑不
信須菩提當知是經義不可思議果報亦不
可思議
尒時須菩提白佛言世尊善男子善女人發
阿耨多羅三藐三菩提心云何應住云何降
伏其心佛告須菩提善男子善女人發阿耨
多羅三藐三菩提心者當生如是心我應滅
度一切衆生滅度一切衆生已而无有一衆
生實滅度者何以故若菩薩有我相人相衆
生相壽者相則非菩薩所以者何須菩提實
无有法發阿耨多羅三藐三菩提心者須菩
提於意云何如来於然燈佛所有法得阿耨

无有法發阿耨多羅三藐三菩提心者須菩
提於意云何如來於然燈佛所有法得阿耨
多羅三藐三菩提不不也世尊如我解佛所
說義佛於然燈佛所无有法得阿耨多羅三
藐三菩提佛言如是如是須菩提實无有法
如來得阿耨多羅三藐三菩提須菩提若有
法如來得阿耨多羅三藐三菩提然燈佛則
不與我受記汝於來世當得作佛号釋迦牟
尼以實无有法得阿耨多羅三藐三菩提是
故然燈佛與我受記作是言汝於來世當得作
佛号釋迦牟尼何以故如來者即諸法如義
若有人言如來得阿耨多羅三藐三菩提須
菩提實无有法佛得阿耨多羅三藐三菩
提須菩提如來所得阿耨多羅三藐三菩提
於是中无實无虛是故如來說一切法皆是

佛法須菩提所言一切法者即非一切法是
故名一切法須菩提譬如人身長大須菩提
言世尊如來說人身長大則為非大身是名
大身須菩提菩薩亦如是若作是言我當滅
度无量衆生則不名菩薩何以故須菩提實无
有法名為菩薩是故佛說一切法无我无人
无衆生无壽者須菩提若菩薩作是言我當
莊嚴佛土是不名菩薩何以故如來說莊嚴
佛土者即非莊嚴是名莊嚴須菩提若菩薩
通達无我法者如來說名真是菩薩
須菩提於意云何如來有肉眼不如是世尊
如來有肉眼須菩提於意云何如來有天眼
不如是世尊如來有天眼須菩提於意云何
如來有慧眼不如是世尊如來有慧眼須菩
提於意云何如來有法眼不如是世尊如來

提於意云何如来有法眼不如是世尊如来
有法眼須菩提於意云何如来有佛眼不如
是世尊如来有佛眼須菩提於意云何恒河
中所有沙佛説是沙不如是世尊如来説是
沙須菩提於意云何如一恒河中所有沙有
如是等恒河是諸恒河所有沙數佛世界如
是寧為多不甚多世尊佛告須菩提尒所國
土中所有衆生若干種心如来悉知何以故
如来説諸心皆為非心是名為心所以者何
須菩提過去心不可得現在心不可得未来
心不可得須菩提於意云何若有人滿三千
大千世界七寶以用布施是人以是因縁得福
多不如是世尊此人以是因縁得福甚多須
菩提若福德有實如来不説得福德多以
福德无故如来説得福德

須菩提於意云何佛可以具足色身見不不也
世尊如來不應以色身見何以故如來說具
足色身即非具足色身是名具足色身須
菩提於意云何如來可以具足諸相見不不
也世尊如來不應以具足諸相見何以故如
來說諸相具足即非具足是名諸相具足須
菩提汝勿謂如來作是念我當有所說法莫
作是念何以故若人言如來有所說法即為
謗佛不能解我所說故須菩提說法者无法
可說是名說法須菩提白佛言世尊佛得阿
耨多羅三藐三菩提為无所得耶如是如是
須菩提我於阿耨多羅三藐三菩提乃至无
有少法可得是名阿耨多羅三藐三菩提復
次須菩提是法平等无有高下是名阿耨多
羅三藐三菩提以无我无人无衆生无壽者

羅三藐三菩提以无我无人无衆生无壽者
脩一切善法則得阿耨多羅三藐三菩提須
菩提所言善法者如来説非善法是名善法
須菩提若三千大千世界中所有諸須弥山
王如是等七寶聚有人持用布施若人以此
般若波羅蜜經乃至四句偈等受持讀誦為
他人説於前福德百分不及一百千万億分
乃至筭數譬喻所不能及
須菩提於意云何汝等勿謂如来作是念我
當度衆生須菩提莫作是念何以故實无有
衆生如来度者若有衆生如来度者如来則
有我人衆生壽者須菩提如来説有我者則
非有我而凡夫之人以為有我須菩提凡夫
者如来説則非凡夫須菩提於意云何可以

卅二相觀如来佛言須菩提若以卅二相觀

如来者轉輪聖王則是如来須菩提白佛言

世尊如我解佛所説義不應以卅二相觀如

来尒時世尊而説偈言

若以色見我　以音聲求我　是人行邪道　不能見如来

須菩提汝若作是念如来不以具足相故得

阿耨多羅三藐三菩提須菩提莫作是念如

来不以具足相故得阿耨多羅三藐三菩提

須菩提汝若作是念發阿耨多羅三藐三菩

提心者説諸法斷滅相莫作是念何以故發

阿耨多羅三藐三菩提心者於法不説斷滅

相須菩提若菩薩以滿恒河沙等世界七寶

布施若復有人知一切法无我得成於忍此

菩薩勝前菩薩所得功德須菩提以諸菩薩

不受福德故須菩提白佛言世尊云何菩薩

不受福德故須菩提白佛言世尊云何菩薩
不受福德須菩提菩薩所作福德不應貪著
是故說不受福德須菩提若有人言如來若
來若去若坐若卧是人不解我所說義何以
故如來者无所從來亦无所去故名如來
須菩提若善男子善女人以三千大千世界
碎爲微塵於意云何是微塵衆寧爲多不甚
多世尊何以故若是微塵衆實有者佛則不
說是微塵衆所以者何佛說微塵衆則非微
塵衆是名微塵衆世尊如來所說三千大千
世界則非世界是名世界何以故若世界實
有者則是一合相如來說一合相則非一合
相是名一合相須菩提一合相者則是不可
說但凡夫之人貪著其事須菩提若人言佛
說我見人見衆生見壽者見須菩提於意云

何是人解我所說義不也世尊是人不解如來
所說義何以故世尊說我見人見衆生見壽
者見即非我見人見衆生見壽者見是名我
見人見衆生見壽者見須菩提發阿耨多羅
三藐三菩提心者於一切法應如是知如是
見如是信解不生法相須菩提所言法相者
如來說即非法相是名法相須菩提若有人以
滿无量阿僧祇世界七寶持用布施若有善
男子善女人發菩薩心者持於此經乃至四
句偈等受持讀誦爲人演說其福勝彼云何
爲人演說不取於相如如不動何以故
一切有爲法 如夢幻泡影 如露亦如電 應作如是觀
佛說是經已長老須菩提及諸比丘比丘尼
優婆塞優婆夷一切世間天人阿脩羅聞佛
所說皆大歡喜信受奉行

所說皆大歡喜信受奉行

金剛般若波羅蜜經

丘因果之中告諸比丘汝等遇我[illegible]
无我故非放逸以修无我能得涅槃故非空過作此
已所解更明正修下依此三如來別荅宜須[illegible]

BD00983v　大般涅槃經義記卷二

BD00984

金光明最勝王經卷五

（唐）義净 譯

588.3cm × 27cm

衆生無
我於未來世作歸依　令[illegible]得安[illegible]
三有衆苦願除滅　光[illegible]隨心安常
於未來世修菩提　皆如過去成佛者
願此金光懺悔福　永竭苦海罪消除
煩惱悉皆亡　令我速招清淨果
大海量無邊　清淨離垢深無底
獲斯功德海　速成無上大菩提
金光懺悔力　當獲福德淨光明
淨妙光明　常以智光照一切
身光等諸佛　福德智慧亦復然
一切世界獨稱尊　威力自在無倫疋
有漏苦海願超越　無為樂海願常遊
現在福海願恒盈　當來智海願圓滿

[illegible]
諸有緣者悉同生　皆得速成清淨智
妙幢汝當知　國王金龍主　曾發如是願　彼即是汝身
往時有二子　金龍及金光　即銀相銀光　當受我所記
大眾聞是說　皆發菩提心　願現在未來　常依此懺悔
金光明最勝王經金勝陀羅尼品第八
尒時世尊復於眾中告善住菩薩摩訶薩善
男子有陀羅尼名曰金勝若有善男子善女
人欲求親見過去未來現在諸佛恭敬供養
者應當受持此陀羅尼何以故此陀羅尼乃是
過現未來諸佛之母是故當知持此陀羅
尼者具大福德已於過去無量佛所殖諸善
本今得受持於戒清淨不毀不缺無有障礙
決定能入甚深法門世尊即為說持呪法先
稱諸佛及菩薩名至心礼敬然後誦呪

稱諸佛及菩薩名至心礼敬然後誦呪
南謨十方一切諸佛　南謨諸大菩薩摩訶薩
南謨聲聞緣覺一切賢聖
南謨釋迦牟尼佛　南謨東方不動佛
南謨南方寶幢佛　南謨西方阿弥陀佛
南謨北方天鼓音佛　南謨上方廣衆德佛
南謨下方明德佛　南謨寶藏佛
南謨普光佛　南謨普明佛
南謨香積王佛　南謨蓮花勝佛
南謨平等見佛　南謨寶髻佛
南謨寶上佛　南謨寶光佛
南謨無垢光明佛　南謨辯才莊嚴思惟佛
南謨淨月光稱相王佛　南謨花嚴光佛
南謨光明王佛　南謨善光無垢稱王佛

南謨觀察無畏自在佛　南謨[illegible]

南謨最勝王佛

南謨觀自在菩薩摩訶薩　南謨地藏菩薩摩訶薩

南謨虛空藏菩薩摩訶薩　南謨妙吉祥菩薩摩訶薩

南謨金剛手菩薩摩訶薩　南謨普賢菩薩摩訶薩

南謨無盡意菩薩摩訶薩　南謨大勢至菩薩摩訶薩

南謨慈氏菩薩摩訶薩　南謨善慧菩薩摩訶薩

陁羅尼曰

南謨曷喇怛娜怛喇夜也　怛姪他

君睇　君睇　矩折嚟　矩折嚟

壹窒哩　蜜窒哩　莎訶

佛告善住菩薩此陁羅尼是三世佛母若有

善男子善女人持此呪者能生無量無邊福

德之聚即是供養恭敬尊重讚歎無數諸

佛如是諸佛皆與此人授阿耨多羅三藐三菩

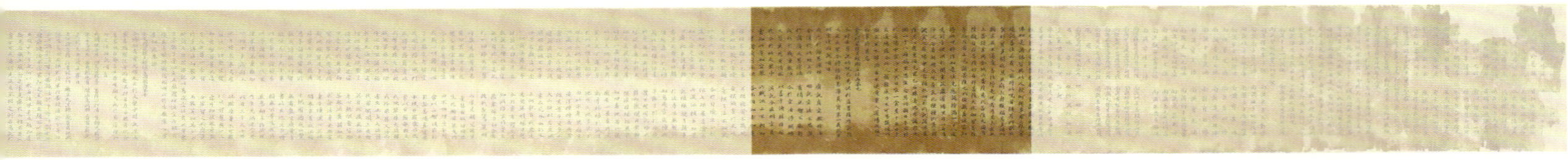

[illegible]
佛如是諸佛皆與此人授阿耨多羅三藐三菩
提記善住若有人能持此呪者隨其所欲衣
食財寶多聞聦慧無病長壽獲福甚多隨所
願求無不遂意善住持是呪者乃至未證無
上菩提常與金城山菩薩慈氏菩薩大海菩
薩觀自在菩薩妙吉祥菩薩大氷伽羅菩薩
等而共居止為諸菩薩之所攝護善住當知
持此呪時作如是法先應誦持滿一万八遍
為前方便次於閑室莊嚴道場黑月一日清
淨洗浴著鮮潔衣燒香散花種種供養并諸
飲食入道場中先當稱礼如前所說諸佛菩
薩至心慇重悔先罪已右膝著地可誦前呪
滿一千八遍端坐思惟念其所願日未出時
於道場中食淨食日唯一食至十五日方

此道場能令此人獲福甚大不可思議隨
願求無不圓滿若不遂意重入道場既稱心
已常持莫忘

金光明最勝王經顯空性品第九

尒時世尊說此呪已為欲利益菩薩摩訶薩
人天大衆令得悟解甚深真實第一義故重
明空性而說頌曰

我已於餘甚深經　廣說真空微妙法
今復於此經王內　略說空法不思議
於諸廣大甚深法　有情無智不能解
故我於斯重敷演　令於空法得開悟
大悲哀愍有情故　以善方便勝因緣
我今於此大衆中　演說令彼明空義
當知此身如空聚　六賊依止不相知
六塵諸賊別依根　各不相知亦如是

當知此身如空聚　六賊依止不相知
六塵諸賊別依根　各不相知亦如是
眼根常觀於色處　耳根聽聲不斷絕
鼻根恒齅於香境　舌根鎮嘗於美味
身根受於輕耎觸　意根了法不知猒
此等六根隨事起　各於自境生分別
識如幻化非真實　依止根處妄貪求
如人奔走空聚中　六識依根亦如是
心遍馳求隨處轉　託根緣境了諸事
常愛色聲香味觸　於法尋思無暫停
隨緣遍行於六根　如鳥飛空無障礙
藉此諸根作依處　方能了別於外境
此身無知無作者　體不堅固託緣成
皆從虛妄分別生　譬如機關由業轉

地水火風共成身　隨彼因緣招異果
同在一處相違害　如四毒蛇居一篋
此四大蛇性各異　雖居一處有昇沈
或上或下遍於身　斯等終歸於滅法
於此四種毒蛇中　地水二蛇多沈下
風火二蛇性輕舉　由此乖違衆病生
心識依止於此身　造作種種善惡業
當往人天三惡趣　隨其業力受身形
遭諸疾病身死後　大小便利悉盈流
膿爛蟲蛆不可樂　棄在屍林如朽木
汝等當觀法如是　云何執有我衆生
一切諸法盡無常　悉從無明緣力起
彼諸大種咸虛妄　本非實有體無生
故說大種性皆空　知此浮虛非實有
無明自性本是無　藉衆緣力和合有

無明自性本是無　藉衆緣力和合有
於一切時失正慧　故我說彼為無明
行識為緣有名色　六處及觸受隨生
愛取有緣生老死　憂悲苦惱恒隨逐
衆苦惡業常纏迫　生死輪迴無息時
本来非有體是空　由不如理生分別
我斷一切諸煩惱　常以正智現前行
了五蘊宅悉皆空　求證菩提真實處
我開甘露大城門　示現甘露微妙器
既得甘露真實味　常以甘露施群生
我擊最勝大法鼓　我吹最勝大法螺
我然最勝大明燈　我降最勝大法雨
降伏煩惱諸怨結　建立無上大法幢

清涼甘露充足彼　身心熱惱普皆除
由是我於無量劫　恭敬供養諸如來
堅持禁戒趣菩提　求證法身安樂處
施他眼耳及手足　妻子僮僕心無悋
財寶七珍莊嚴具　隨來求者咸供給
忍等諸度皆遍修　十地圓滿成正覺
故我得稱一切智　無有衆生度量者
假使三千大千界　盡此土地生長物
所有藂林諸樹木　稻麻竹葦及枝條
此等諸物皆伐取　並悉細末作微塵
隨處積集量難知　乃至充滿虛空界
一切十方諸刹土　所有三千大千界
地土皆悉末為塵　此微塵量不可數

BD00984　金光明最勝王經卷五

地土皆悉末為塵　此微塵量不可數
假使一切衆生智　以此智慧與一人
如是智者量無邊　容可知彼微塵數
牟尼世尊一念智　令彼智人共度量
於多俱胝劫數中　不能筭知其少分
時諸大衆聞佛說此甚深空性有無量衆
生悉能了達四大五蘊體性俱空六根六
境妄生繫縛願捨輪迴正修出離深心慶
喜如說奉持

金光明最勝王經依空滿願品第十

尒時如意寶光耀天女於大衆中聞說深法
歡喜踊躍從座而起偏袒右肩右膝著地合
掌恭敬白佛言世尊唯願為說於甚深理修
行之法而說頌言

佛言善女天若有疑惑者隨汝意所問吾當分別說
是時天女請世尊曰
云何諸菩薩行菩提正行離生死涅槃饒益自他故
佛告善女天依於法界行菩提法修平等行
云何依於法界行菩提法修平等行謂於五
蘊能現法界法界即是五蘊五蘊不可說非
五蘊亦不可說何以故若法界是五蘊即是
斷見若離五蘊即是常見離於二相不著二
邊不可見過所見無名無相是則名為說於
法界善女天云何五蘊能現法界如是五蘊
不從因緣生何以故若從因緣生者為已生
故生為未生故生若已生生者何用因緣若
未生生者不可得生何以故未生諸法即是
非有無名無相非校量譬喻之所能及非是

故生為未生故生若已生生者何用已生故
未生生者不可得生何以故未生諸法即是
非有無名無相非校量譬喻之所能及非是
因緣之所生故善女天譬如鼓聲依木依皮
及桴手等故得出聲如是鼓聲過去亦空未
來亦空現在亦空何以故是鼓音聲不從木
生不從皮生及桴手生不於三世生是則不
生若不可生則不可滅若不可滅無所從來
若無所從來亦無所去若無所去則非常非
斷若非常非斷則不一不異何以故此若是
一則不異法界若如是者凡夫之人應見真
諦得於無上安樂涅槃既不如是故知不一
若言異者一切諸佛菩薩行相即是執著未
得解脫煩惱繫縛即不證阿耨多羅三藐三
菩提何以故一切聖人於行非行同真實性

[illegible]故不異故不異故五蘊非有非無不從因緣

非無因緣生是聖所知非餘境故亦非言說
之所能及無名無相無因無緣亦無譬喻始
終寂靜本來自空是故五蘊能現法界善女
天若善男子善女人欲求阿耨多羅三藐三
菩提異真異俗難可思量於凡聖境體非一
異不捨於俗不離於真依於法界行菩提行
尒時世尊作是語已時善女天踊躍歡喜即
從座起偏袒右肩右膝著地合掌恭敬一心
頂礼而白佛言世尊如上所說菩提正行我
今當學是時索訶世界主天梵天王於大衆
中問如意寶光耀善女天曰此菩提行難可
脩行汝今云何於菩提行而得自在尒時善
女天荅梵王曰大梵王如佛所說實是甚深

[illegible]
女天荅梵王曰大梵王如佛所說實是甚深
一切異生不解其義是聖境界微妙難知若
使我今依於此法得安樂住是實語者願令
一切五濁惡世無量無數無邊衆生皆得金
色卅二相非男非女坐寶蓮花受無量樂雨
天妙花諸天音樂不鼓自鳴一切供養皆悉
具足時善女天說是語已一切五濁惡世所
有衆生皆悉金色具大人相非男非女坐寶
蓮花受無量樂猶如他化自在天宮無諸惡
道寶樹行列七寶蓮花遍滿世界又雨七寶
上妙天花作天伎樂如意寶光耀善女天即
轉女身作梵天身時大梵王問如意寶光耀
菩薩言仁者如何行菩提行荅言梵王若水
中月行菩提行我亦行菩提行若夢中行菩

相行我亦行菩提行若除餘行菩相行我亦
行菩提行若答響行菩提行我亦行菩提行
時大梵王聞此說已白菩薩言仁依何義而
說此語答言梵王無有一法是實相者但由
因緣而得成故梵王言若如是者諸凡夫人
皆悉應得阿耨多羅三藐三菩提答言仁以
何意而作是說愚癡人異智慧人異菩提異
非菩提異解脫異非解脫異梵王如是諸法
平等無異於此法界真如不異無有中間而
可執著無增無減梵王譬如幻師及幻弟子
善解幻術於四衢道取諸沙土草木葉等聚
在一處作諸幻術使人覩見象眾馬眾車兵
等眾七寶之聚種種倉庫若有眾生愚癡無
智不能思惟不知幻本若見若聞作是思惟

等衆七寶之聚種種倉庫若有衆生愚癡無
智不能思惟不知幻本若見若聞作是思惟
我所見聞象馬等衆此是實有餘皆虛妄
於後更不審察思惟有智之人則不如是了於
幻本若見若聞作如是念如我所見象馬等衆
非是真實唯有幻事惑人眼目妄謂象等
及諸倉庫有名無實如我見聞不執為實後
時思惟知其虛妄是故智者了一切法皆無
實體但隨世俗如見如聞表宣其事思惟諦
理則不如是復由假說顯實義故梵王愚癡
異生未得出世聖慧之眼未知一切諸法真
如不可說故是諸凡愚若見若聞行非行法
如是思惟便生執着謂以為實於第一義不
能了知諸法真如是不可說是諸聖人若見
若聞行非行法隨其力能不生執着以為實

不知一切無實行法無實非行法但妄思
量行非行相唯有名字無有實體是諸聖人
隨世俗說為欲令他知真實義如是梵王是
諸聖人以聖智見了法真如不可說故行非
行法亦復如是令他證知故說種種世俗名
言時大梵王問如意寶光耀菩薩言有幾衆
生能解如是甚深正法答言梵王有衆幻人
心心數法能解如是甚深正法梵王曰此幻
化人體是非有此之心數從何而生答曰若
知法界不有不無如是衆生能解深義
尒時梵王白佛言世尊是如意寶光耀菩薩
不可思議通達如是甚深之義佛言如是如
是梵王如汝所言此如意寶光耀已教汝等
發心修學無生忍法是時大梵天王與諸梵
衆從座而起偏袒右肩合掌恭敬頂禮如意

是梵王如汝所言此如意寶光耀已發汝等
發心修學無生忍法是時大梵天王與諸梵
衆從座而起偏袒右肩合掌恭敬頂礼如意
寶光耀菩薩足作如是言希有希有我等
今日幸遇大士得聞正法
尒時世尊告梵王言是如意寶光耀於未来
世當得作佛号寶錢吉祥藏如来應正遍
知明行圓滿善逝世間解無上士調御丈夫天
人師佛世尊說是品時有三千億菩薩於阿
耨多羅三藐三菩提得不退轉八千億天子
無量無數國王臣民遠塵離垢得法眼淨
尒時會中有五十億苾芻行菩薩行欲退菩
提心聞如意寶光耀菩薩說是法時皆得堅
固不可思議滿足上願更復發起菩提之心
各自脫衣供養菩薩重發無上勝進之心作

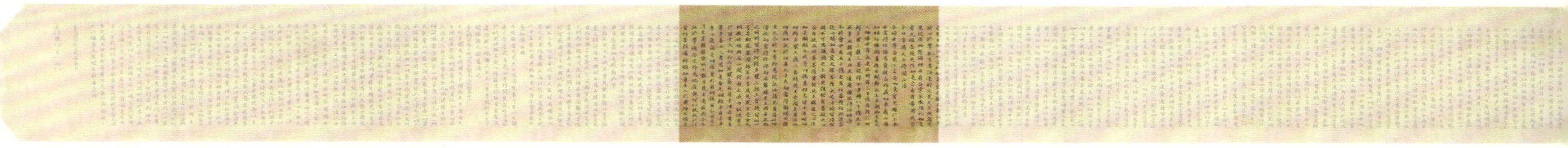

阿耨多羅三藐三菩提梵王是諸苾芻依此
功德如說修行過九十大劫當得解悟出離
生死尒時世尊即為授記汝諸苾芻過卅阿
僧祇劫當得作佛劫名難勝光王國名無垢
光同時皆得阿耨多羅三藐三菩提皆同一
号名願莊嚴間飾王十号具足梵王是金光
明微妙經典若正聞持有大威力假使有人
於百千大劫行六波羅蜜無有方便若有善
男子善女人書寫如是金光明經半月半月
專心讀誦是功德聚於前功德百分不及一
乃至筭數譬喻所不能及梵王是故我今令
汝修學憶念受持為他廣說何以故我於往
昔行菩薩道時猶如勇士入於戰陣不惜身

BD00984　金光明最勝王經卷五

法修學精念受持爲他廣說何以故我於往
昔行菩薩道時猶如勇士入於戰陣不惜身
命流通如是微妙經王受持讀誦爲他解說
梵王辟如轉輪聖王若王在世七寶不滅王
若命終所有七寶自然滅盡梵王是金光明
微妙經王若現在世無上法寶悉皆不滅若
無是經隨處隱沒是故應當於此經王專心
聽聞受持讀誦爲他解說勸令書寫行精進
波羅蜜不惜身命不憚疲勞功德中勝我諸
弟子應當如是精勤修學
尒時大梵天王與無量梵衆帝釋四王及諸
藥叉俱從座起偏袒右肩右膝著地合掌恭
敬而白佛言世尊我等皆願守護流通是金
光明微妙經典及說法師若有諸難我當除
遣令具衆善色力充足辯才無礙身意泰然

賊非人為惱害者我等天眾皆為擁護使
其人民安隱豐樂無諸枉橫皆是我等天眾
之力若有供養是經典者我等亦當恭敬供
養如佛不異
尒時佛告大梵天王及諸梵眾乃至四王諸
藥叉等善哉善哉汝等得聞甚深妙法復能
於此微妙經王發心擁護及持經者當獲無
邊殊勝之福速成無上正等菩提時梵王等
聞佛語已歡喜頂受
金光明最勝王經四天王觀察人天品第十一
尒時多聞天王持國天王增長天王廣目天
王俱從座起偏袒右肩右膝著地合掌向佛
礼佛足已白言世尊是金光明最勝王經一

礼佛足已白言世尊是金光明㝡勝王經一
切諸佛常念觀察一切菩薩之所恭敬一切
天龍常所供養及諸天衆常生歡喜一切護
世稱揚讚歎聲聞獨覺皆共受持悉能明照
諸天宮殿能與一切衆生殊勝安樂止息地
獄餓鬼傍生諸趣苦惱一切怖畏悉能除殄
所有怨敵尋即退散飢饉惡時皆令豊稔疾
疫病苦皆令蠲愈一切灾變百千苦惱咸悉
消滅世尊是金光明㝡勝王經能為如是安
隱利樂饒益我等唯願世尊於大衆中廣為
宣說我等四王并諸眷屬聞此甘露無上法
味氣力充實增益威光精進勇猛神通倍勝
世尊我等四王修行正法常說正法以法化世
我等令彼天龍藥叉揵闥婆阿蘇羅揭路

荼俱槃荼畢舍遮羅剎莫呼洛伽及諸人王常以
正法而化於世遮去諸惡所有鬼神吸人精
氣無慈悲者悉令遠去世尊我等四王與二
十八部藥叉大將并與無量百千藥叉以淨
天眼過於世人觀察擁護此贍部洲世尊以
此因緣我等諸王名護世者又復於此洲中
若有國王被他怨賊常來侵擾及多飢饉疾
疫流行無量百千灾厄之事世尊我等四王
於此金光明最勝王經恭敬供養若有苾芻
法師受持讀誦我等四王共往覺悟勸請其
人時彼法師由我神通覺悟力故往彼國界
廣宣流布是金光明微妙經典由經力故令
彼無量百千衰惱灾厄之事悉皆除遣世尊
若諸人王於其國內有持是經苾芻法師至彼
國時當知此經亦至其國世尊時彼國王

若言人王於其國內有持是經苾芻法師至彼
國時當知此經亦至其國世尊時彼國王
應往法師處聽其所說聞已歡喜於彼法師
恭敬供養深心擁護令無憂惱演說此經利
益一切世尊以是緣故我等四王皆共一心護
是人王及國人民令離災患常得安隱世尊
若有苾芻苾芻尼鄔波索迦鄔波斯迦持
是經者時彼人王隨其所須供給供養令無
乏少我等四王令彼國主及以國人悉皆安
隱遠離災患世尊若有受持讀誦是經典
者人王於此供養恭敬尊重讚歎我等當令彼
王於諸王中恭敬尊重最為第一諸餘國王
共所稱歎大眾聞已歡喜受持

金光明最勝王經卷第五

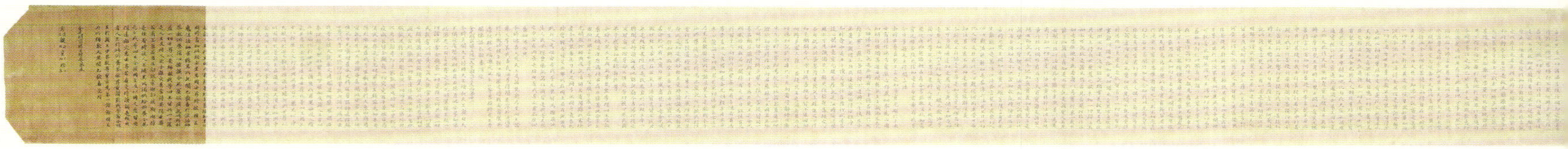

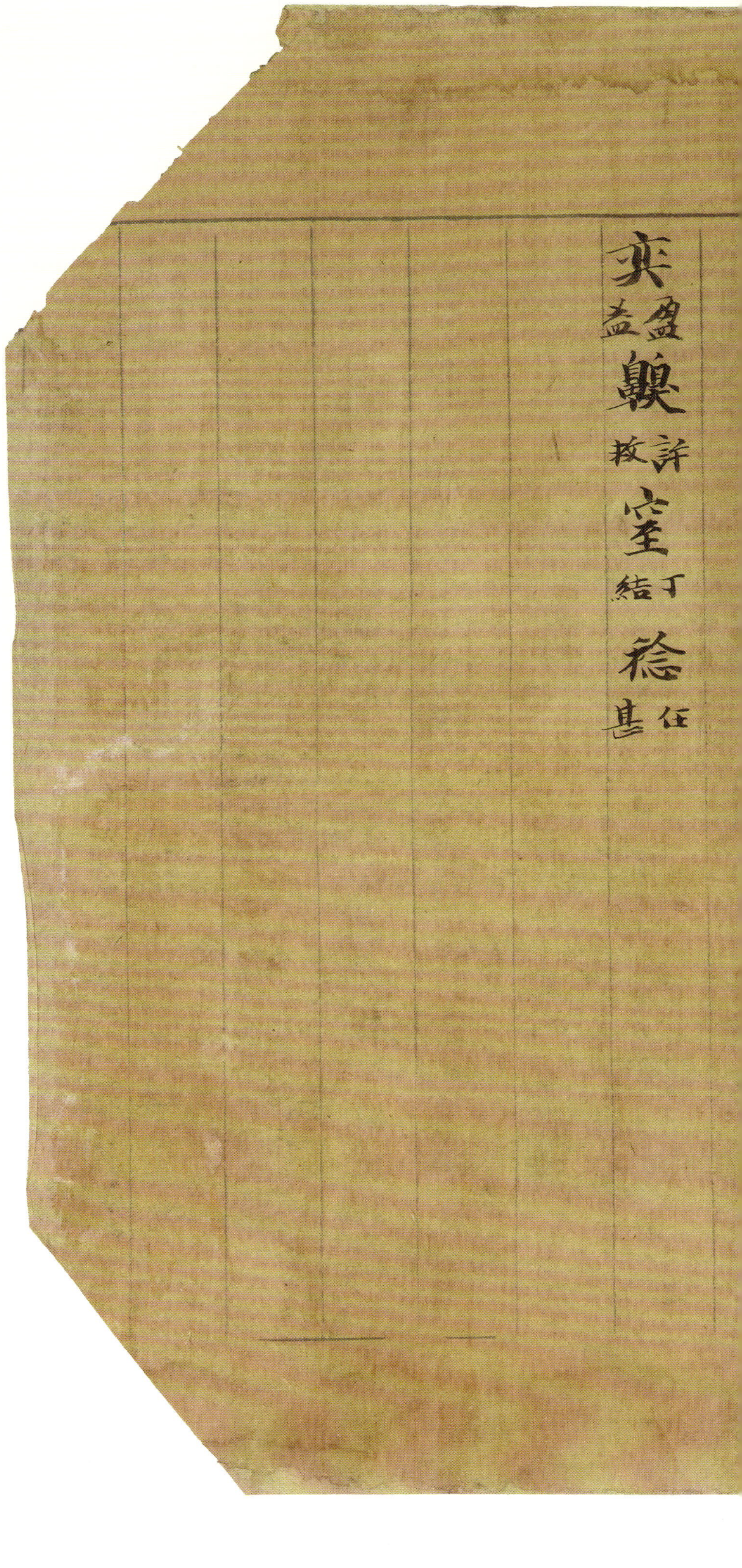

奕盈益 齅許救 窒丁結 稔任甚

BD00984　金光明最勝王經卷五

BD00985

大方廣佛華嚴經（五十卷本）卷二三

（東晋）佛馱跋陀羅 譯

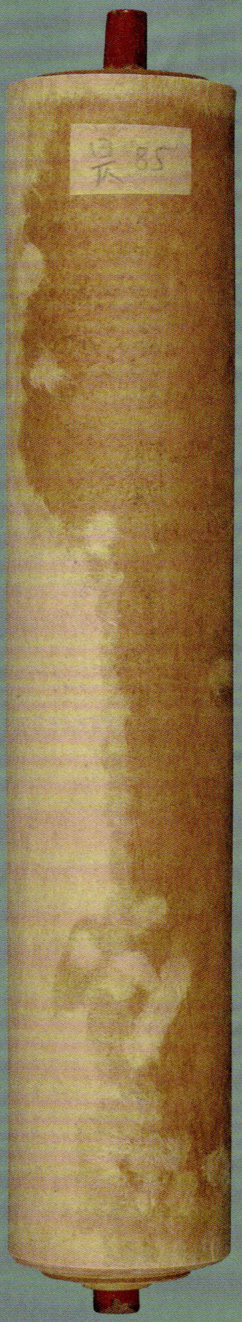

1152.4cm × 26.5cm

[illegible]讚佛[illegible]
諸佛轉法輪大[illegible]
如是思惟得入第九地菩薩住此地如實知
善不善无記法行知有漏无漏法行世間出
世間法行思議不可思議法行定不定法行
聲聞辟支佛法行菩薩道法行如來地法行有
為无為法隨順如是智慧知善根心所行難知
煩惱難業難諸根難欲難性難直心難使心
難生難習氣難三聚差別難知[illegible]諸心差
別相雜起世心相速轉心相壞不壞心相无
形心相无邊自在心相清淨差別心相垢无垢心
相縛解心相諂曲質直心相隨道心相皆如實
知是菩薩知煩惱深相淺相知心伴相不相離相
[illegible]使[illegible]是心[illegible]不相[illegible]相[illegible]是生[illegible]

得果報相知三界中差別相知覺處見法入
如箭相知憍慢處重罪相知是三業因緣不斷
相乃至如實知八万四千煩惱行差別相是菩
薩知諸業善不善无記相分別不可分別相心
伴相不相離相自然盡相行道盡相種種相集相
不失果報相次第相有報相无報相黑黑報相
白白報相黑白黑白報相非黑非白能盡業相
知業起相受業法差別相知无量因緣起業相
知世間業出世間業差別相現報相生報相後
報相隨諸乘定相不定相乃至如實知八万四
千諸業差別相是菩薩知諸根濡中上差別相
知先後際別異不別異相知上中下相知煩
惱伴相不相離相隨諸乘定相不定相淳熟
相未淳熟相隨根轉相易壞相深取相相增
相不可壞相轉相不轉相三世差別相不

相未淳熟相隨根轉相易壞相深取相相增
上相不可壞相轉相不轉相三世差別相久
遠並生差別相乃至如實知八万四千諸根差
別相是菩薩知諸欲際中上差別相乃至如
實知八万四千諸欲差別相是菩薩知諸性
際中上差別相乃至如實知八万四千諸性
差別相是菩薩知直心際中上差別相乃至
如實知八万四千直心差別相是菩薩知諸
使並心生不並心生心相應心不相應无始
來惱衆生相與一切禪定解脫神通相違相
三界繫相无量心不現前相開煩惱門相不
知對治相无所有相无聖道開法門相皆如
實知是菩薩知諸生差別相所謂地獄畜生
餓鬼阿脩羅人天色无色界有想无想差別
業是田愛是水无明是覆識是種子後身是

欲愛不樂涅槃三界差別相續相皆如實知
是菩薩知諸習氣有起不起隨所生處有習
氣隨衆生行有習氣隨業煩惱有習氣善不
善无記有習氣離欲有習氣隨後身有習氣
次第隨趣有習氣久遠不斷持煩惱業離則
无法皆如實知是菩薩知是衆生定不定相
正定相邪定相不定相正見中正定相邪見
中邪定相離此二不定相一逆邪定相五根正
定相離此二不定相邪位邪定相正位正定
相離此二不定相深入邪聚難轉相脩无上
道回緣相不定衆生守護相皆如實知佛子
菩薩摩訶薩隨如是智名為安住善慧地菩
薩住是地知衆生如是諸行差別相隨其解

薩住是地知衆生如是諸行差別相隨其解
脫所與因緣是菩薩化衆生法度衆生法如
實知所爲說法聲聞乘相辟支佛乘相菩薩
乘相如來地相如實知隨衆生因緣所爲說
法隨心隨根隨欲差別所爲說法又隨行處
隨智慧處所爲說法知一切行處所爲說法
隨衆生性深入難處所爲說法隨趣隨生隨
煩惱隨習氣轉故說法隨乘令解脫故說法
是菩薩住此地爲大法師守護諸佛法藏入
深妙義用无量慧方便四无閡智言辭說法
是菩薩常隨四无閡智所不可壞何等四一
法无閡二義无閡三辭无閡四樂說无閡是
菩薩以法无閡智知諸法自相以義无閡智
知差別法以辭无閡智知說諸法不可壞以

无閡智知諸法无體性以義无閡智知諸法
生滅相以辭无㝵智知諸法假名不斷假名
說以樂說无㝵智隨假名不壞无邊說復次
以法无閡智知現在諸法差別相以義无閡
智知過去未來諸法差別相以辭无閡智知
過去未來現在諸法說不可壞以樂說无閡智
於一一世得无邊法明說復次以法无閡
智知諸法差別以義无閡智知諸法義差別
以辭无閡智隨諸言音而為說法以樂說无
閡智隨所樂解而為說法復次以法无閡智
以法智方便知諸法差別不可壞以義无閡
智以比智如實知諸法差別以辭无閡智以
世智說諸法差別以樂說无閡智知善說第

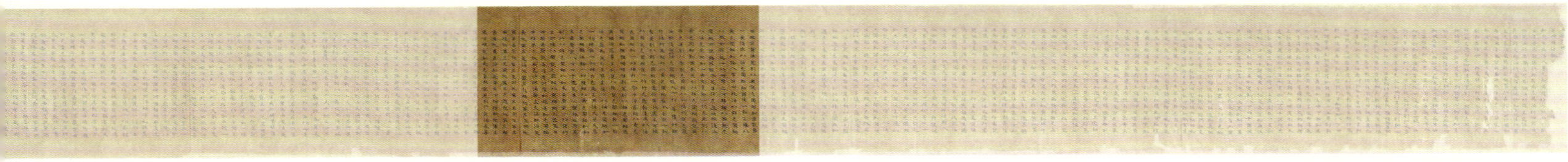

世智說諸法差別以樂說无閡智知善說第
一義復次以法无閡智知諸法一相不壞以
義无閡智知陰入界諦因緣法以辞无閡智
以微妙音故一切世間之所歸趣以樂說无
閡智所說轉勝能令衆生得无邊法明復次
以法无閡智知一乘究竟攝一切无差別以
義无閡智知諸乘差別以辞无閡智能說諸
乘无差別以樂說无閡智以一法門說无邊
法明復次以法无閡智能入一切菩薩行智
行法行隨智行以義无閡智能分別說十地
義差別以辞无閡智說隨順諸地道不可壞
以樂說无閡智說一切行无邊相復次以法
无閡智知一切佛於一念中得菩提以義无
閡智[illegible]種種[illegible]種種別差別以辞无閡智隨

諸佛得道事差別說以與
法无邊劫說亦不窮盡復次以法无閡智知
一切佛語一切佛力无畏不共法大慈大悲
无閡智轉法輪一切種智以義无閡智知如
来音聲說八万四千隨衆生心諸根欲樂差
別行以辞无閡智以如来音聲說一切諸行
不可壞以樂說无閡智以諸佛智力隨衆生
所樂音聲說菩薩摩訶薩如是善知无閡智
安住第九地名為得佛法藏為大法師得衆
義陁羅尼衆法陁羅尼起智陁羅尼衆明陁
羅尼善慧陁羅尼衆財陁羅尼名聞陁羅尼
威德陁羅尼无閡陁羅尼无邊旋陁羅尼雜
義藏陁羅尼得如是等百万阿僧祇陁羅尼
隨方便說如是无量樂說差別門說法是菩

隨方便說如是无量樂說差別門說法是善
薩得如是无量陁羅尼門能於无量佛所聽
法聞已不妄如所聞法能以无量差別門為
人演說是善薩於一佛所以百万阿僧祇陁
羅尼聽受正法如從一佛餘无量佛亦復如
是是菩薩於礼敬佛時所聞法明非多學聲
聞得陁羅尼力於十万劫所能受持是菩薩
得如是陁羅尼力无閡智樂說力以說法故
在於法坐大千世界滿中衆生隨意說法是
菩薩在法坐上唯除諸佛及受職菩薩於一
切中㝡為殊勝是菩薩處於法坐或以一音
欲令一切悉得解了即得解了或以種種音
聲欲令一切各得聞解即得聞解或以默然
但放光明欲令一切各得解法即得解法或

一切毛孔皆出法音於三千大千世界
色无色物皆出法音或以一音周滿法界啟
令得解脫皆得解是菩薩三千大千世界所有
衆生以无量音聲一時問難所問各異是
菩薩於一念中悉受如是一切問難以一音
荅皆令開解如是若二若三若百若千乃至
不可說不可說三千大千世界滿中衆生廣
為說法承佛神力能為衆生廣作佛事倍復
懃脩如是智明於一塵中有不可說不可說
世界塵數大會佛在此中隨衆生心所為說
法令一一衆生心得若干无量諸法如一佛
一切諸佛亦如是如一微塵一切十方世界
亦如是於是中生大憶念力於一念中從一
切佛所受法門衆生一問如上大會滿中衆

一十諸佛
亦如是於是中生大憶念力於一念中從一
切佛所受法明不失一句如上大會滿中衆
生以決定法明演清淨法於一念中令爾所
衆生皆得開解何況若干世界中衆生是菩
薩住是地善根轉勝深入諸佛行處常與一
切佛會深入菩薩解脫菩薩隨順如是智常
見諸佛於一一劫中无量无邊百千万億以
上供具供養諸佛於諸佛所種種問難通達
諸陁羅尼一切善根轉勝明淨佛子如鍊真
金具足莊嚴為轉輪王所著寶冠一切小王
无能奪者菩薩亦如是住善慧地一切善根
轉勝明淨聲聞辟支佛諸地菩薩所不能壞
是菩薩善根轉明能照衆生煩惱難處如大
梵王三千界一切難處皆悉能照菩薩亦

如是住善慧地善根明淨照諸衆生煩惱稠
處諸佛子是名略說菩薩善慧地若廣說者
則无量无邊劫不可得盡菩薩住是地多作
大梵王典領三千大千世界无有能勝如實
解義者於自在中而得自在善能宣說聲聞
辟支佛菩薩波羅蜜衆生問難无能窮盡所
作善業布施愛語利益同事皆不離念佛不
離念法乃至不離念一切種智常生是心我
當於一切衆生爲首爲勝乃至於一切衆生
爲依止者是菩薩若欲如是懃行精進於一
念中得百万阿僧祇三千大千世界微塵數
三昧乃至能示百万阿僧祇三千大千世界
微塵數菩薩以爲眷屬若以願力神通自在
復過是數百千万億那由他劫不可計知時

微塵數菩薩以為眷屬若以願力神通自在
復過是數百千万億那由他劫不可計知時
金剛藏菩薩欲明此義以偈頌曰
諸菩薩隨順　无量深智力　第一寂微妙　一切世難知
利益衆生者　能至第九地　得入於諸佛　祕密之法藏
得微妙寂上　三昧陀羅尼　廣大神通力　善入世界相
智慧力決定　能觀諸佛法　大願悲心淨　得入第九地
順行此上地　持諸佛法藏　即能通法藏　善不善无記
有漏及无漏　世間出世間　是可思議法　是不可思議
知法定不定　三乘具足相　思惟分別此　有為无為法
起知如是法　滅諸无明闇　隨順是智心　則為第一妙
悉知一切難　諸心差別相　疾轉世輕易　无邊自在心
煩惱深淺相　心伴不離相　知使纏差別　隨順相續有
知業種種雜　各各差別相　因滅果不失　通達如是事
又知衆生　諸根界中　[illegible]

[illegible] 別 [illegible]能知 [illegible]四千種
煩惱使難處 无始來不斷 皆與心共行 繫縛不可斷
知諸結使等 但妄想分別 无有方處所 亦无定事相
常不離於身 又亦難得知 禪定力能遮 金剛道能斷
又能知諸生 入六道差別 愛潤无明覆 業田識是種
生於後身芽 名色共增長 无始生死來 相續在三界
知諸天龍趣 由煩惱業心 若離於此法 是則无所有
一切諸衆生 皆在三聚中 或沒諸邪見 或在於智道
菩薩住此地 悉知衆生心 諸根及欲樂 種種差別義
深心善思惟 隨宜而說法 通達无閡智 善以言辭說
菩薩為法師 猶如師子王 牛王寶山王 安住无所畏
菩於諸世界 雨甘露法味 猶如大龍王 能雨滿大海
是菩薩善知 法義辭无閡 善能隨順行 具足樂說力
[illegible]得今百万 阿僧祇總持 能受諸佛法 如海受龍雨

是菩薩善知　法義辯无閡　善能隨順行　具足樂說力
能得於百万　阿僧祇總持　能受諸佛法　如海受龍雨
菩薩得如是　諸深妙清淨　无量他羅尼　諸三昧力故
能於一念中　得見无量佛　聞已淨梵音　演說妙法寶
是菩薩或教　大千世衆生　隨心根所好　說法令歡喜
如是等无量　三千大千國　轉深懃精進　而作是思惟
於一微塵中　无量佛說法　隨衆生心相　演說於妙義
是菩薩皆受　如地受諸種
復作如是願　十方諸所有　國土中衆生　皆令為一會
我於一念中　皆悉知其心　以一音說法　悉令斷疑網
菩薩住是地　人天中法王　為大說法師　隨順衆生性
常於日夜中　與諸佛共會　能住甚深妙　寂滅智解脫
供養无量佛　善根轉明淨　猶如轉輪王　真金莊嚴寶
[illegible]衆生　諸有惡難處　如梵王光明　照於大千界

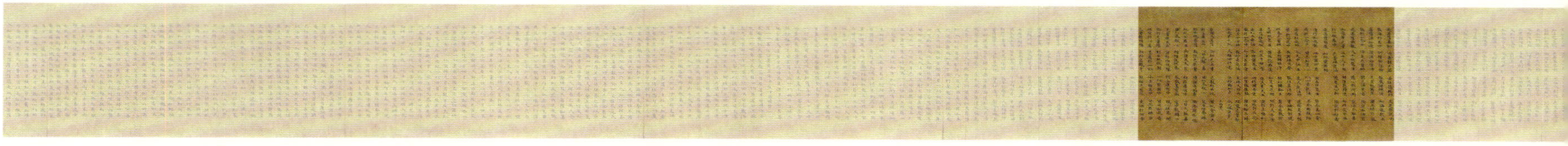

菩薩住是地　於三千世界　作大梵天王　[illegible]
善以三乘法　示悟諸衆生　所作諸善業　皆順於正念
能於一念中　所得无有量　世界微塵數　諸深妙三昧
得見十方佛　微妙音說法　見佛大神力　便發无量願
如是第九地　大智所行處　深妙難知見　今已略說竟

九地竟

說諸大菩薩　所行无上事　无數那由他　首陁會諸天
於上虛空中　心皆大歡喜　咸以恭敬心　衆生供養佛
那由他菩薩　歡悅无有量　燒諸奇妙香　滅除諸煩惱
他化自在王　與諸天大衆　住在虛空中　心皆大歡喜
咸以恭敬心　種種設供養　各散衆寶衣　空中旋轉下
无量億天女　諸相欣悅豫　於上虛空中　敬心供養佛
同作无量億　那由他伎樂　一切寶器中　皆出如是音
佛坐於此處　悉遍於一切　十方國土中　皆悉有佛現
无量億種種　相好莊嚴身　殊妙无有比　充滿於世界

无量億種種　相好莊嚴身　殊妙无有比　充滿於世界
於一毛孔中　出无量光明　滅除於一切　世間煩惱火
十方微塵數　尚可得計量　一毛孔光明　不可得窮盡
各見有佛身　以三十二相　八十好莊嚴　轉无上法輪
或見佛種種　為眾所說法　或見在兜率　教化於諸天
或見從兜率　來下處胞胎　或見初生時　或見處出家
或見坐道場　所成无上道　或見轉法輪　或見入涅槃
於无量國土　種種所示現　欲度眾生故　有如是等事
譬如巧幻師　善知於幻術　多示諸眾生　種種異身相
如是佛慧中　善巧於示現　變化一切身　周遍諸世界
一切法空寂　无來无性相　同若如虛空　大師亦如是
得入第一義　微妙之性相　隨諸法性相　示佛大神力
一切佛行性　法及諸眾生　皆悉同无相　一切法空故
若欲解佛身　[illegible]　有无具通達　疾作天人師

諸天采女眾　皆出如是等　十万種妙音　寂然而觀佛
解脫月菩薩　見眾皆寂然　語金剛藏言　大名稱佛子
菩薩從第九　至於第十地　諸大神通力　願今為略說
金剛藏菩薩言佛子菩薩摩訶薩如是无量
智慧善脩行佛道乃至九地善集清白法集
无量助道法大功德智慧所護廣行大悲深
知分別世界差別深入眾生難處入諸如來
行處念隨順如來寂滅行處趣向諸佛力无
畏不共法堅持不捨得至一切智位菩薩摩
訶薩行如是智近佛位地則得菩薩離垢三
昧即現在前又入法界差別三昧莊嚴道場
三昧雨一切世間華光三昧海藏三昧海印
三昧虛空廣三昧觀察一切法性三昧隨一
切眾生心行三昧如實知一切法三昧得如

三昧虛空廣三昧觀察一切法性三昧知一
切衆生心行三昧如實知一切法三昧得如
來智信三昧如是等百万阿僧祇三昧皆現
在前是　菩薩悉入此三昧善知其中功用
差別衆後三昧名益一切智位是三昧現在前
即時大寶蓮華王出周圓如百万三千大千
世界一切衆寶間錯莊嚴過於一切人天所
有出世間善根所生知一切法如幻如化空
慧所成光明能照一切世界流離為莖栴檀
王為臺馬惱為鬚閻浮檀金為葉无量光明
一切妙寶皆在其內寶網覆上十三千大千
世界微塵數蓮華以為眷屬尒時菩薩其身
殊妙稱可華坐菩薩得益一切智位三昧力
故於大蓮華坐即時眷屬蓮華上皆有菩

薩一一菩薩坐蓮華上即得百万三昧皆一心
恭敬瞻仰大菩薩是菩薩昇蓮華坐時十方
現在一切世界皆大震動一切惡道皆悉休
息光明普照十方世界一切世界皆悉嚴淨
皆得見聞諸佛大會何以故是菩薩坐大蓮
華上即時足下出百万阿僧祇光明照十方
阿鼻地獄等滅衆生苦惱兩膝上放若干光
明照十方一切畜生滅除苦惱齊放若干光
明照十方一切餓鬼滅除苦惱左右脅放若
干光明照十方人安隱快樂兩手放若干光
明照十方諸天阿脩羅宮兩肩放若干光明
照十方聲聞衆頸放若干光明照十方辟支佛
口放若干光明照十方菩薩乃至住九地者
白毫放若干光明照十方得位菩薩一切魔
宮隱蔽不現頂上放百万阿僧祇三千大千

宫隐蔽不現頂上放百万阿僧祇三千大千
世界微塵數光明照於十方諸佛大會繞十
迊已住於虚空成光明網高大明淨供養諸
佛如是供養從初發心乃至九地所作供養
百分不及一乃至筭數譬喻所不能及是大
光明網勝十方世界所有華香末香塗香衣
服幡蓋衆寶瓔珞摩尼寶珠供養之具從出
世間善根生故一一諸佛大法會上皆雨衆
寶猶如大雲若有衆生覺是供養者皆是必
定无上大道如是諸光雨大供養已繞大會
十迊入諸佛足下尒時諸佛及大菩薩知其
世界某甲菩薩摩訶薩行如是道成就受職
尒時十方无邊菩薩乃至住九地者皆來圍
繞設大供養一心恭敬各得万三昧一切得
職菩薩摩訶薩今金剛莊嚴胸出一大光名

破魔財无量百千万光以為眷屬照十方世
界亦无量神力亦来入是大菩薩頂以光明
滅已是菩薩即得百千万億大勢力神通智
慧尒時諸佛出眉間白豪相光名益一切智
有无量无邊光明眷屬悉照一切十方世界
圍繞十匝亦現諸佛大神通力勸進无量百
千万億諸菩薩十方世界六種震動滅除一
切惡道苦惱一切魔宫皆蔽不現亦一切諸佛
得道之處亦一切諸佛大會莊嚴事廣大如
法界究竟如虚空照一切世界已集在虚空
亦大神通莊嚴之事入是菩薩頂眷屬光明
入眷屬蓮華諸菩薩頂即時各得先所未得
十千三昧是光明入此菩薩頂如一佛光一
切佛光皆亦如是一切十方諸佛光明入是

切佛光皆亦如是一切十方諸佛光明入是
菩薩頂時名爲得職名爲入諸佛界具佛十
力隨在佛數佛子譬如轉輪聖王太子成就
王相轉輪聖王令子在白象寶閻浮檀金坐
取四大海水上張羅幔種種莊嚴幢幡伎樂
執金鍾香水灌子頂上即名爲灌頂大王具
足轉十善道故名轉輪聖王菩薩摩訶薩亦
如是受職時諸佛以智水灌是菩薩頂名灌
頂法王具足佛十力故隨在佛數是名諸菩
薩摩訶薩大智慧職以是職故菩薩摩訶薩
受无量百千億万苦行難事是菩薩得是職
已住法雲地无量功德智慧轉增佛子菩薩
住法雲地如實知欲界集色界集无色界集
如實知世間生衆生生集識生集有爲生

見諸煩惱性集如實知諸世間法成壞聲聞
道集辟支佛道集菩薩道集諸佛力无畏不
共法色身法身集一切智集得佛道轉法輪
亡示滅度集舉要言之如實知一切法差別
集是菩薩以如是智慧隨順菩提行如實知衆
生化業化煩惱化諸見化世界化法界化聲
聞化辟支佛化菩薩化如來化一切化分別无
分別化是菩薩如實知佛力持法持業持煩
惱持時持願持先世持行持劫壽持智持是
菩薩住十地諸佛所有微細智所謂行微細
智命終微細智受胎微細智出生微細智出
家微細智得道微細智神力自在微細智轉
法輪微細智持壽命微細智示涅槃微細智

法輪微細智持壽命微細智示涅槃微細智
法久住微細智如是等微細智皆如實知又
諸佛密處所謂身密口密意密知時非時密
與菩薩受記密攝伏衆生密諸乘差別密八
万四千諸根差別密業如實所作密行得菩
提密如是等密皆如實知是菩薩諸佛所有
入劫智所謂一劫攝阿僧祇劫阿僧祇劫攝
一劫有數劫攝無數劫無數劫攝有數劫一
念攝劫劫攝一念劫攝非劫非劫攝劫有佛
劫攝無佛劫無佛劫攝有佛劫過去未來劫
攝現在劫現在劫攝過去未來劫未來過去
劫攝現在劫現在劫攝未來過去劫長劫攝
短劫短劫攝長劫諸劫攝相皆如實知是菩
薩諸佛所入微塵智國土智衆生身心智衆
生中心得道智衆生行智二一切受智道行

佛道知性行知道行知不可思議知一十世
聞聲聞辟支佛菩薩所不能知皆如實知佛
子諸佛智慧廣大无量菩薩住是地則能得
入如是智慧菩薩摩訶薩隨是地行得菩薩
不可思議解脫无閡解脫淨行解脫普門明
解脫如來藏解脫隨无閡論解脫入三世解
脫法性藏解脫明解脫勝進解脫是菩薩十
解脫為首得如是等无量无邊百千万億阿
僧祇解脫百千万无量阿僧祇三昧百千万
无量阿僧祇陀羅尼百千万无量阿僧祇神
通之後如是是菩薩成就如是智慧隨順菩
提成就无量念力能於一念頃至十方无量
佛所无量法明无量法雨皆能受持譬如娑
伽羅龍王所注大雨唯除大海餘不能受菩
薩摩訶薩之如是如來微密雨大法雨一切

伽羅龍王所注大雨唯除大海餘不能受善
薩摩訶薩亦如是如來微密雨大法雨一切
眾生聲聞辟支佛乃至九地菩薩所不能受
唯此菩薩住法雲地悉能受持辟如大海一
龍王起大雲雨皆能堪受若二若三乃至无
量无邊諸大龍王所起雲雨一時注下皆能
受持菩薩摩訶薩亦如是住法雲地於一佛所
能受大法明雨二佛三佛乃至不可說不可
說佛於一念中皆能堪受如是諸佛大法雲雨
是故此地名法雲地解脫月言佛子是菩薩
於一念中堪受幾所大法明雨答言佛子辟
如十方所有不可說百千万億那由他世界微
塵尒所微塵世界眾生假使皆得聞持陁羅
尼為佛侍者為大聲聞多聞第一如金剛蓮

華上佛善伏比丘其一[illegible]

之力餘亦如是一人所受餘不重問如是一
切各各不同於意云何是一切衆生受持多
聞力為多不答言甚多不可稱計佛子我今
為汝說是菩薩住法雲地於一念頃於一佛
所受三世法藏大法明雨上一切衆生多聞
之力百分不及一乃至筭數譬喻所不能及
如一佛所聞十方世界微塵諸佛皆能受持
大法明雨復能過此无量无邊於一念頃亦能
受持是故名為法雲地佛子菩薩摩訶薩住
法雲地自從願力生大慈悲福德智慧以為
密雲現種種身為雜色雲通明无畏以為電
光震大雷音說法降魔一念一時能於上所
說微塵世界皆悉周普以雨善法甘露法雨
滅諸衆生隨心所樂无明所起煩惱炎故是

說微塵世界皆悉周普以雨善法甘露法雨
滅諸眾生隨心所樂無明所起煩惱炎故是
故名為法雲地復次佛子菩薩摩訶薩住法
雲地於一世界從兜率天來下乃至示大涅
槃一切佛事隨所度眾生皆現神力若二若
三乃至如上微塵數世界又復過是百千萬
億阿僧祇世界從兜率天來下乃至示大涅
槃一切佛事隨所度眾生皆現神力是菩薩
住此地於智慧中得上自在力或以狹國為
廣廣國為狹或以垢國為淨淨國為垢如是一
切世界皆有神力是菩薩或於一微塵中置三千大
千世界鐵圍山川而不迫迮或二或三乃至
不可說不可說世界諸莊嚴事亦入一塵或
以一世界莊嚴事示不可說不可說世界或
以不可說不可說世界莊嚴置一世界

不進退或以一世界衆生置不可說不可說
世界中或以不可說不可說世界入一塵中
所不惚衆生或於一塵中示一切佛神通力
莊嚴之事或於一念中現不可說不可說世
界微塵數身於一身中示无量手以一一手
執恒沙蓮華以散諸佛雜香末香幡蓋寶物
如是一切莊嚴之具皆以手執供養諸佛於
一一身亦復如是又一一身化塵數頭於一一
頭有塵數舌以是神力讚嘆諸佛如是等事
於念念中遍滿十方於念念中以神通力无
量世界示淨佛道轉法輪乃至大般涅槃於
三世中以神通力示現无量身於自身中現
无量佛无量佛土莊嚴事於自身中示一切
世界成壞事或於一毛孔出一切風所不惚
衆生或以无量无邊世界為一海水此海水

世界成壞事或於一毛孔出一切風而不惱
衆生或以无量无邊世界爲一海水此海水
中作大蓮華形色光明遍无量无邊世界於
中示菩提樹莊嚴妙事乃至示得一切種智
或自身中現一方世界摩尼寶珠日月星宿
一切光明乃至十方所有光明之後如是或
口噓氣能令十方无量世界悉大震動不令
衆生有恐畏想或示十方世界水劫盡風劫
火劫盡所衆生身隨意莊嚴或於自身示作
如來身如來身作自身如來身作己佛國己
佛國作如來身佛子菩薩摩訶薩在法雲地
神變如是又餘无量神力自在尒時會中諸
菩薩天龍夜叉乾闥婆阿脩羅迦樓羅緊那
羅摩睺羅伽四天王釋提桓因梵天王自在
天淨居天等各作是念若菩薩神通力智

慧力如是无量无邊[illegible]時解脫月菩
薩知大衆心所念問金剛藏菩薩言佛子今
諸大衆聞是菩薩神通智慧力墮在疑網汝
今當斷一切疑惑示菩薩神通莊嚴妙事時
金剛藏菩薩即入一切佛國體性三昧時諸大
衆天龍夜叉乾闥婆阿脩羅迦樓羅緊那羅
摩睺羅伽四天王釋提桓因梵天王自在天
子淨居天等皆自見知入金剛藏菩薩身中
於其身內見三千大千世界莊嚴衆事若滿
一劫說不可盡於中見佛道場樹其莖周圍
十万三千大千世界高百万三千大千世界
覆三千億三千大千世界稱樹高廣有師子
坐其坐上有佛号一切智王如來一切大衆
咸皆見佛坐在坐上其中所有莊嚴上妙供
養之具滿一劫說亦不可盡金剛藏菩薩亦

咸皆見佛坐在坐上其中所有莊嚴上妙校
養之具滿一劫說亦不可盡金剛藏菩薩亦
現如是大神力已還令大眾各在本處一切
眾會生希有想嘿然一心觀金剛藏時解脫
月菩薩問金剛藏菩薩言佛子是三昧有大
勢力甚爲希有是三昧者所号云何答言是
三昧名一切佛國體性問言是三昧所有勢
力境界云何答言佛子若菩薩摩訶薩善脩
成是三昧力者能以如是无量恒沙世界微
塵數三千大千世界於身中現復過是數菩
薩在法雲地得如是无量无邊百千万億諸
三昧是故菩薩住此地中身身業難可測知
口口業難可測知意意業難可測知神力自
在難可測知觀三世法難可則知諸三昧行

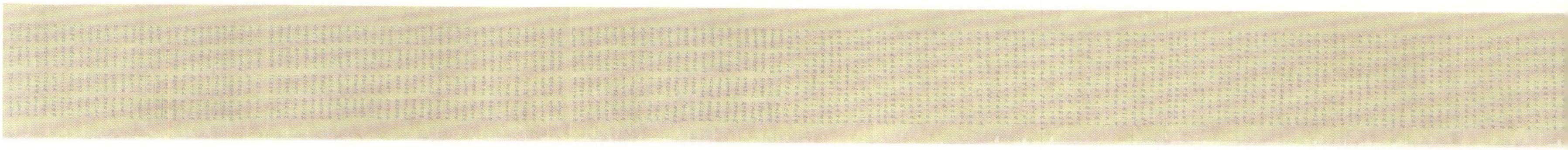

入難可得知智力難可得知遊戲諸解脫難
可測知變化所作神力所作如意所作難可
測知乃至舉足下足菩薩住善慧地者不能
測知佛子菩薩法雲地如是无量若廣說者
无量无邊阿僧祇劫不能得盡解脫月言佛
子若菩薩行處力神通力如是者佛行處力
神通力復云何答言佛子譬如有人見一塊
土作是言无邊世界地性為多此耶汝所問
者我謂如是如來无量智慧云何以菩薩智
慧所欲測量佛子如人取四天下地性少分
餘者極多菩薩法雲地於无量劫但可說門
何況如來地我今當說令汝知之佛現為證
如十方无量无邊世界微塵等諸佛世界十
地菩薩皆滿其中是諸菩薩有无量无邊業
脩習菩薩功德智慧禪定於如來功德智慧

脩習菩薩功德智慧禪定於如来功德智慧
力百分不及一百千万億分不及一乃至筭
數譬喻所不能及佛子是菩薩隨如是智慧
順如来身口意不捨諸菩薩三昧懃心供養
一切諸佛於一一劫以一切供具供養无量
无邊諸佛能悉具受諸佛神力轉復明勝是
菩薩於法性問難无能勝者乃至无量无邊
百千万億劫不可窮盡佛子譬如天金以摩
尼珠衆寶間錯爲自在天王嚴身之具其餘
諸天所不能及亦无奪者菩薩住十地智慧
善根從初地乃至九地所不能及菩薩住是
地得大智照明隨順一切智故其餘智慧所
不能壞譬如大自在天王光明能令衆生身
心清凉一切星宿衆生光明所不能及菩薩

摩訶薩如是住法雲地智慧光明一切聲
聞辟支佛所不能及乃至九地菩薩亦不能
及是菩薩住是地中能令无量衆生住一切
智道佛子菩薩住是地十方諸佛為說三世
智慧法界智慧一切世界智慧善照住持一
切世界智慧大悲大慈善覆一切衆生智慧
舉要言之具足為說至一切智道佛子是名
菩薩摩訶薩第十法雲地菩薩住是地多作
摩醯首羅天王智慧明達善說聲聞辟支佛
菩薩波羅蜜於法性中有問難者无能令盡
所作善業布施愛語利益同事皆不離念佛不
離念法乃至不離念具足一切種智常作
是念我當於一切衆生為首為勝乃至於一
切衆生為依止者若欲如是懃行精進於一

切衆生爲依止者若欲如是懃行精進於一念中得无量百千万億那由他不可說不可說世界微塵數三昧乃至示尒所微塵數菩薩以爲眷屬若以願力神通自在復過是數所謂諸行上妙供具信解起業若身若口若光明若諸根若如意足若音聲若行處乃至若干百千万億劫不可稱數佛子是菩薩十地次弟順行趣向一切種智如從阿耨達池四河流出滿足四天下无有窮盡乃入大海菩薩亦如是從菩薩出於善根大願之水以四攝法滿足衆生亦不窮盡乃至一切種智佛子是菩薩十地因佛智故亦有差別如因大地有十大山王何等爲十所謂雪山王香山王軻梨羅山王仙聖山王由乾陀山王馬

耳山王[illegible]
王須彌山王如雪山王一切藥草集在其中
亦不可盡菩薩亦如是住歡喜地一切世間經
書伎藝文頌呪術集在其中无有窮盡如香
山王一切諸香集在其中亦不可盡菩薩亦
如是住離垢地持戒頭陀威儀助法集在其
中无有窮盡如軻梨羅山王但以寶成集諸
妙華取不可盡菩薩亦如是住於明地集一
切世間禪定神通解脫三昧問不可盡如仙聖
山王但以寶成多有五通聖人不可窮盡菩
薩亦如是住於炎地集令衆生入道因緣種
種問難不可窮盡如由乾陀山王但以寶成
集夜叉大神不可窮盡菩薩亦如是住難勝
地集一切自在如意神通說不可盡如馬耳
山王但以寶成集衆妙菓取不可盡菩薩亦

是等一十世在如意神通說不可盡如是
山王但以寶成集衆妙菓取不可盡菩薩亦
如是住現前地集深因緣法說聲聞果不可
窮盡如尼民陀羅山王但以寶成集一切大
力龍神不可窮盡菩薩亦如是住遠行地集
種種方便智慧說辟支佛道不可窮盡如斫
迦羅山王但以寶成集心自在者不可窮盡
菩薩亦如是住不動地集一切菩薩自在道
說世間性不可窮盡如宿慧山王但以寶成
集大神力諸阿脩羅无有窮盡菩薩亦如是
住善慧地集轉衆生行智說世間相不可窮
盡如須彌山王但以寶成集諸天神无有窮
盡菩薩亦如是住法雲地集如來十力四无
所畏說諸佛法不可窮盡是十寶山同在大
海因大海水有差別相菩薩十地亦如是因

[illegible]知[illegible]一十知故[illegible]相佛子譬如大
海以十相故名為大海无有能壞何等為十
一漸次深二不受死屍三餘水失本名四一
味五多寶六極深難入七廣大无量八多大
身衆生九潮不失時十能受一切大雨无有
盈溢菩薩地亦如是以十因緣故无有能壞
何等為十歡喜地中漸生堅固願離垢地中
不與破戒共宿明地中捨諸假名炎地中於
佛得一心不壞淨信難勝地中生世間无量
方便神通起世間事現前地中觀甚深因緣
法遠行地中以大廣心善觀諸法不動地中
能起大莊嚴示現善慧地中能得深解脫通
達世間行如實不失法雲地中能受一切諸
佛大法明雨佛子譬如大摩尼寶珠有十事
能與衆生一切寶物何等為十一出大海二

能與衆生一切寶物何等為十一出大海二
巧匠加治三轉精妙四除垢穢五以火鍊治
六衆寶莊嚴七貫以寶縷八置流離高柱九
光明四照十隨王意雨衆寶物菩薩發菩薩
心寶亦有十事何等為十一初發心布施離
慳二脩持戒頭陀苦行三以諸禪定解脫三
昧令轉精妙四以道行清淨五鍊以方便神
通六以深因緣法莊嚴七以種種深方便智
慧貫穿八置神通自在幢上九觀衆生行放
多聞智慧光明十諸佛授智職於一切衆生
能為佛事墮在佛數佛子是菩薩所行集一
切智慧功德法門品若不深種善根不能得
聞問言佛子若得聞者是人為得幾所福德
言隨佛所有智慧勢力如是發薩婆若心所

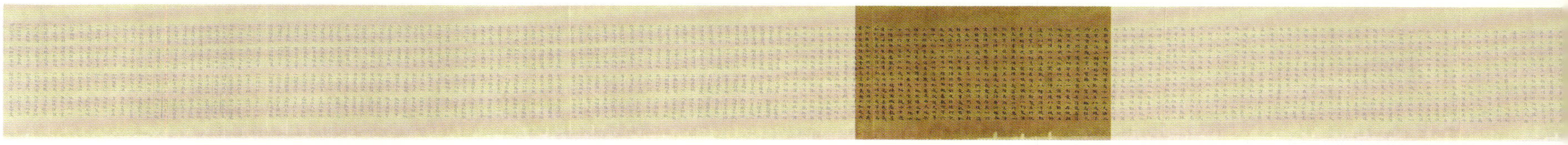

緣攝福德是人得聞此法門可得神福與諸
如是何以故若无菩薩心聞是法門不能信
解受持何況以身脩習能成是事是故當知
是人隨順一切種智得聞信解受持脩行說
是品時十方世界十億佛國微塵數世界六
種十八相動以佛神力法如是故諸天雨華
末香瓔珞寶衣幡蓋莊嚴身具之雨天伎樂
歌頌而下復有大音讚嘆十地殊勝之事如
此世界四天下他化自在天王宮說十地十
方一切世界皆亦如是以佛神力故十方過
十億佛國微塵數剎有十億佛國微塵數菩
薩詣此世界遍滿虛空皆作是言善哉善哉
金剛藏善說菩薩十地之法佛子我等皆名
金剛藏從金剛德世界金剛幢佛所所逕歷
處皆說是經眾會如是言辭義趣亦如是我

處皆說是經眾會如是言辭義趣亦如是我
等以佛神力故來證是事如我至此十方一
切世界他化自在天王宮摩尼寶殿皆有十億
佛國微塵數菩薩住為作證亦復如是時金
剛藏菩薩觀察十方觀察一切大眾觀察法
界讚嘆初發薩婆若心示菩薩境界淨菩薩
行力攝一切種智隨眾生說除一切世間垢
織與眾生一切種智因緣示不可思議智慧
莊嚴事讚嘆一切菩薩功德差別相欲令諸
地轉勝明顯示眾生故承佛神力以偈頌曰
諸菩薩所行　樂於善寂滅　其心無所著　猶若如虛空
除貪恚癡垢　安住於道智　如是無上行　願樂欲聽聞
如是諸菩薩　在於無量劫　懃心常脩習　一切諸善根
供養無量佛　辟支阿羅漢　為利眾生故　乃至菩提心
精懃持戒行　頭陀除眾垢　滿善思轉妙　所起戒慧[illegible]

利慧因緣故　明達心明淨　得樂於佛智　同佛生菩提
供養於一切　十方三世佛　如虛空等國　悉皆令清淨
一切法平等　善悉通達故　為度諸眾生　發於菩提心
諸菩薩如是　生是无量心　至於歡喜地　恩愛樂布施
得諸本願力　增廣慈悲心　深行十善道　能到離垢地
我聞功德備　慈心愍世間　永離諸垢穢　深心常清淨
善觀諸世間　三毒火然熾　如是之大士　入第三明地
觀三界皆空　无常亦如病　如癰如創箭　无量苦常然
見諸有為過　貪樂佛功德　得佛智明炎　入於第四地
成就於念慧　得至於道智　在此地供養　百千諸如來
常能思惟念　諸佛无量德　得入於一切　世間難勝地
能以慧方便　種種所示現　諸有所為作　以利於世間
供養於諸佛　行益眾生事　无生法在前　得入現前地
菩薩諸所行　一切世難知　常无有我心　有无皆悉離
諸法无空寂　十二緣故行　善門甚微妙　入於遠行地

菩薩諸所行　一切世難知　常无有我心　有无皆悉離
諸法先空寂　十二緣故行　善了此微妙　入於遠行地
行慧方便等　得法寂滅相　如是之大士　難知難可及
為欲令世間　得善寂滅故　還起脩諸行　種種福德事
普入於衆生　種種心行處　如是能得入　如空不動地
大智諸菩薩　善能悉具行　種種諸智業　得十自在力
能以无有量　无邊限諸身　普現十方界　而為說妙法
善達於世界　及諸衆生性　如是大慈悲　能入善慧地
第一妙淨智　善觀諸世間　纏縛煩惱業　甚深諸難處
為度是等故　得諸佛法藏　善說第一義　悉无所違錯
如是次第行　具足諸善法　乃至於九地　所脩集福慧
欲得諸佛力　第一深妙利　乃於一切佛　得受智職位
先得无數定　智行極廣大　最後得難壞　諸智位三昧
若能得如是　益智住三昧　一切寶[illegible]文

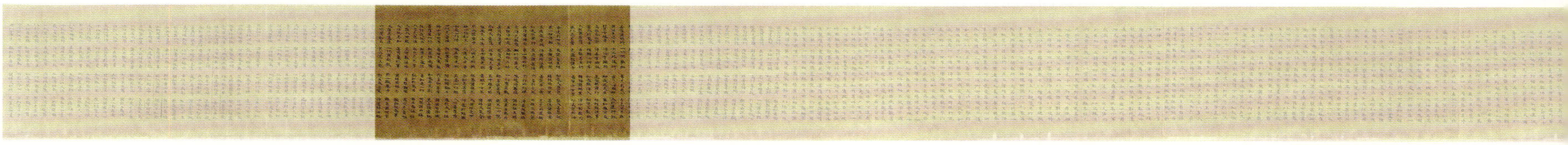

[illegible]　[illegible]　供養諸菩薩　咸共一心禮

尒時大菩薩　從身放无量　百千億光明　滅諸世間苦

然後復上出　百千億光明　普照十方界　諸佛大衆會

於上虛空中　化成光明網　供養諸佛已　入諸佛足下

時一切如來　及諸大士等　各知某菩薩　得受於智職

如是一切佛　放眉間光明　名益一切智　入此菩薩頂

一切无量佛　與此菩薩職　猶如轉輪王　受於太子位

時十方世界　普皆大震動　乃至阿鼻等　諸苦皆除滅

菩薩具一切　智慧得是職　如是名為到　无上法雲地

住於是地中　智慧无邊限　善知度一切　世間諸因緣

入色无色法　欲色无色界　能知於衆生　國土及法性

又能入可數　不可數法中　乃至能觀察　虛空无量性

又此地悉知　菩薩變化事　諸佛威神力　微細智密事

又能悉通達　一切諸劫數　於一微塵中　觀見諸世界

一切諸如來　於此无上地　初生及出家　得道轉法輪

能悉通達　一切諸劫數　於一微塵中　覩見諸世界
一切諸如來　於此无上地　初生及出家　得道轉法輪
亦入於涅槃　皆隨順於智　寂滅妙解脫　悉得於此地
此地諸大王　憶念力大故　諸佛大法雨　皆悉能受持
譬如大海水　能持龍王雨　諸佛廣大法　菩薩受亦尒
若於一佛所　一時聽受法　十方无量土　微塵數衆生
皆爲聞揔持　成於聲聞乘　不如是菩薩　筭數所不及
以无量智慧　及先大願力　能於一念中　遍滿无量國
雨甘露法雨　滅諸煩惱火　是故諸如來　名爲法雲地
大士住此地　供養諸佛具　過諸天所有　普示大神力
亦衆轉勝力　過是數无量　若人欲思量　迷悶不能解
大智住此地　舉足下足事　一切諸菩薩　乃至於九地
皆悉不能知　何況餘衆生　三世諸聲聞　及與辟支佛
住此諸佛亦　一切智慧事　亦與令通達　三世无閡智
亦法性寂滅　亦示種種變　一切諸世界　所有衆生類

菩薩住此地　能以大伏具　伏養十方佛　遍一切世界
一切諸世間　所有衆生類　其餘諸伏具　皆所不能及
智者住此地　皆能破一切　无明諸闇冥　開示以佛道
如自在天王　滅衆熱惱　佛子智光明　滅惡亦如是
住是地多作　三界自在王　通達諸智慧　善以三乘化
能於一念中　得无量三昧　能見十方佛　其數亦如是
金剛藏菩薩　告諸大士言　我今略解說　十地之妙行
若廣演說者　千億劫不盡　是則名清淨　諸大菩薩地
為得佛智故　住於十地中　安住不移動　猶如大山王
初地具一切　經書諸伎術　猶如雪山中　積聚衆藥草
持戒及多聞　在於二地中　猶如香山王　集一切香物
如軻梨羅山　多積諸寶華　明地集聞智　禪定亦如是
炎地多積聚　入道法不壞　如仙聖山中　善賢所遊止
五地諸神通　无能得及者　如由乾陁山　多集夜叉衆

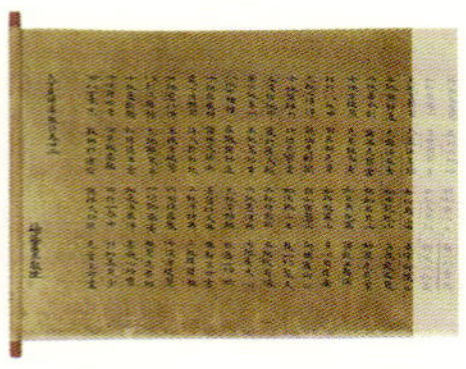

[illegible] 入道法不壞 如化聖山中 善家所遊止
五地諸神通 無能得及者 如由乾陀山 多集夜叉眾
六地善分別 諸果無窮盡 猶如馬耳山 妙菓無有量
七地方便慧 無有能及者 如尼民陀羅 諸龍王盈滿
住於八地中 自在智無量 如斫迦羅山 多心自在者
九地心清淨 說法無鄣閡 猶如宿慧山 阿脩羅所止
十地諸佛力 功德無窮盡 如須彌山王 集一切眾天
又復初地中 發於廣大願 二地持戒品 三地假名壞
第四地專一 五地眾妙事 六地甚深相 七地廣大心
八地中種種 莊嚴諸神通 九地思妙智 能過一切世
十地能受持 諸佛大法雨 菩薩行大海 難動不可盡
發心出世間 得入於初地 二地淨持戒 三地脩諸禪
四地道行淨 五練方便慧 六因緣莊嚴 七深方便慧
八到流離幢 九地觀眾生 一切險難處 智慧光普照
十地受智職 如珠道王意 如是次第淨 菩提心少寶

可以一毫末　數知於虛空　諸佛大功德　无量不可盡

優婆某乙敬造

大方廣佛華嚴經卷廿二

BD00986 金剛般若波羅蜜經

（後秦）鳩摩羅什 譯

477.1cm×25.5cm

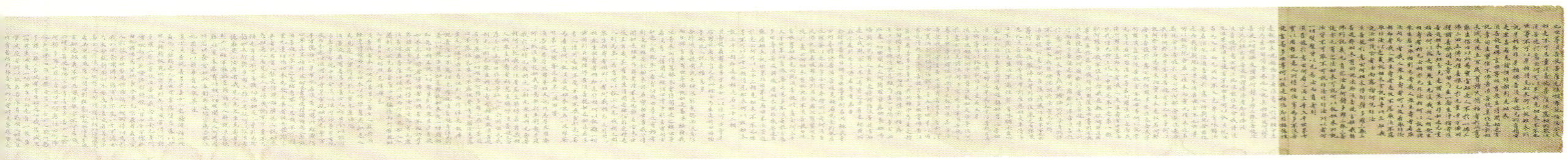

也世尊須菩提菩薩无住相布施福德亦復
如是不可思量須菩提菩薩但應如所教住
須菩提於意云何可以身相見如来不不也
世尊不可以身相得見如来何以故如来所
說身相即非身相佛告須菩提凡所有相皆
是虛妄若見諸相非相則見如来
須菩提白佛言世尊頗有衆生得聞如是言
說章句生實信不佛告須菩提莫作是說如
来滅後後五百歲有持戒脩福者於此章
能生信心以此為實當知是人不於一佛二
佛三四五佛而種善根已於无量千万佛所
種諸善根聞是章句乃至一念生淨信者須
菩提如来悉知悉見是諸衆生得如是无量
福德何以故是諸衆生无復我相人相衆生

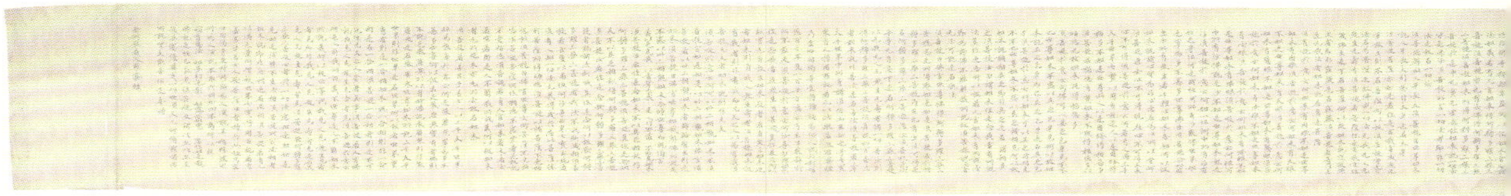

相壽者相无法相亦无非法相何以故是諸
衆生若心取相則為著我人衆生壽者若取
法相即著我人衆生壽者何以故若取非法
相即著我人衆生壽者是故不應取法不應
取非法以是義故如来常説汝等比丘知我
説法如筏喻者法尚應捨何况非法
須菩提於意云何如来得阿耨多羅三藐三
菩提耶如来有所説法耶須菩提言如我解
佛所説義无有定法名阿耨多羅三藐三菩
提亦无有定法如来可説何以故如来所説
法皆不可取不可説非法非非法所以者何
一切賢聖皆以无為法而有差別
須菩提於意云何若人滿三千大千世界七
寶以用布施是人所得福德寧為多不須菩
提言甚多世尊何以故是福德即非福德性

BD00986　金剛般若波羅蜜經

寶以用布施是人所得福德寧為多不須菩
提言甚多世尊何以故是福德即非福德性
是故如来說福德多若復有人於此經中受
持乃至四句偈等為他人說其福勝彼何以故須
菩提一切諸佛及諸佛阿耨多羅三藐三菩提法
皆從此經出須菩提所謂佛法者即非佛法
須菩提於意云何須陁洹能作是念我得須
陁洹果不須菩提言不也世尊何以故須陁洹
名為入流而无所入不入色聲香味觸法
是名須陁洹須菩提於意云何斯陁含能作
是念我得斯陁含果不須菩提言不也世尊
何以故斯陁含名一往来而實无往来是名
斯陁含須菩提於意云何阿那含能作是念
我得阿那含果不須菩提言不也世尊何以
故阿那含名為不来而實无来是故名阿那

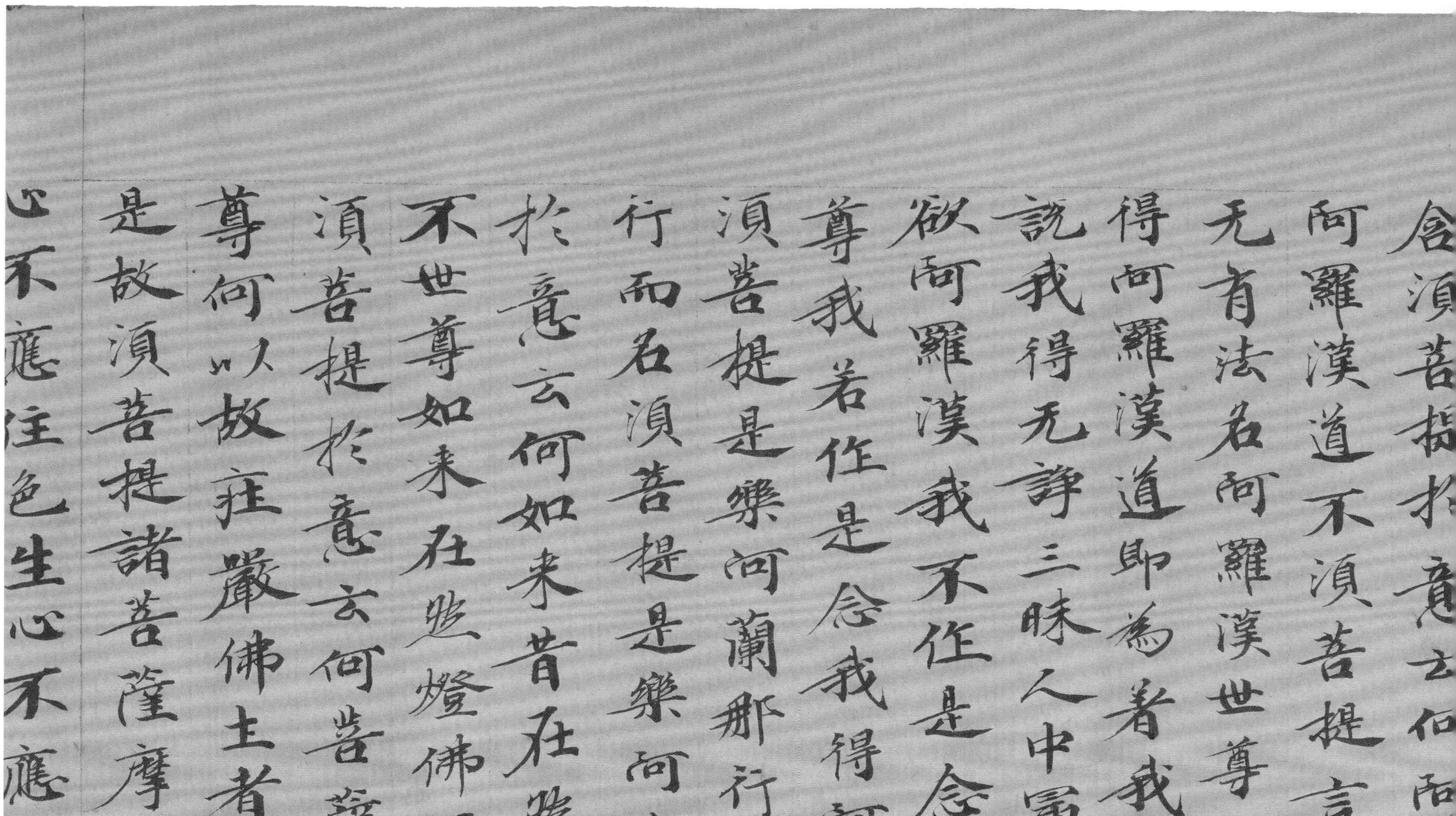

念須菩提於意云何阿羅漢能作是念我得
阿羅漢道不須菩提言不也世尊何以故實
无有法名阿羅漢世尊若阿羅漢作是念我
得阿羅漢道即為著我人衆生壽者世尊佛
說我得无諍三昧人中最為第一是第一離
欲阿羅漢我不作是念我是離欲阿羅漢世
尊我若作是念我得阿羅漢道世尊則不說
須菩提是樂阿蘭那行者以須菩提實无所
行而名須菩提是樂阿蘭那行佛告須菩提
於意云何如来昔在然燈佛所於法有所得
不世尊如来在然燈佛所於法實无所得
須菩提於意云何菩薩莊嚴佛土不不也世
尊何以故莊嚴佛土者則非莊嚴是名莊嚴
是故須菩提諸菩薩摩訶薩應如是生清淨
心不應住色生心不應住聲香味觸法生心

BD00986　金剛般若波羅蜜經

是故須菩提諸菩薩摩訶薩應如是生清淨
心不應住色生心不應住聲香味觸法生心
應无所住而生其心須菩提譬如有人身如
須弥山王於意云何是身為大不須菩提言甚
大世尊何以故佛說非身是名大身
須菩提如恒河中所有沙數如是沙等恒河
於意云何是諸恒河沙寧為多不須菩提言
甚多世尊但諸恒河尚多无數何况其沙須
菩提我今實言告汝若有善男子善女人以
七寶滿尒所恒河沙數三千大千世界以用
布施得福多不須菩提言甚多世尊佛告須
菩提若善男子善女人於此經中乃至受持
四句偈等為他人說而此福德勝前福德
復次須菩提隨說是經乃至四句偈等當知
此處一切世間天人阿脩羅皆應供養如佛

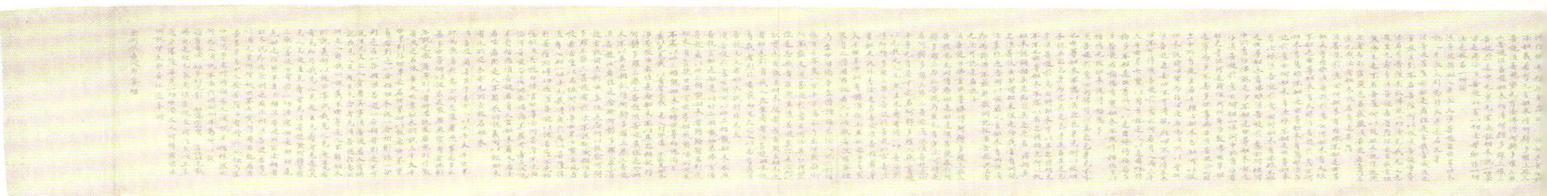

塔廟何況有人盡能受持讀誦須菩提當知
是人成就冣上弟一希有之法若是經典所
在之處則為有佛若尊重弟子
尒時須菩提白佛言世尊當何名此經我等
云何奉持佛告須菩提是經名為金剛般若
波羅蜜以是名字汝當奉持所以者何須菩
提佛說般若波羅蜜則非般若波羅蜜須菩
提於意云何如來有所說法不須菩提白佛
言世尊如來无所說須菩提於意云何三千
大千世界所有微塵是為多不須菩提言甚
多世尊須菩提諸微塵如來說非微塵是名
微塵如來說世界非世界是名世界須菩提
於意云何可以三十二相見如來不不也世
尊不可以三十二相得見如來何以故如來
說三十二相即是非相是名三十二相

BD00986　金剛般若波羅蜜經

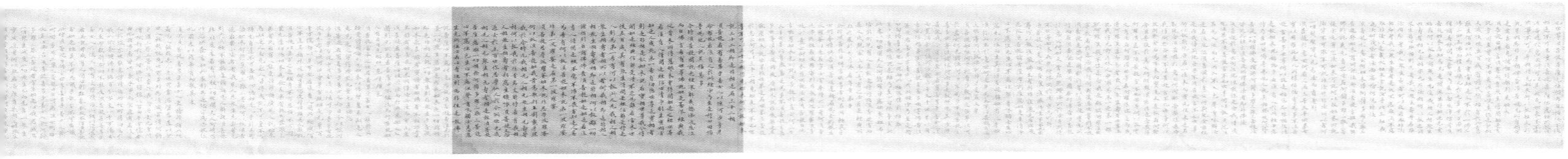

尊不可以三十二相得見如來何以故如來
說三十二相即是非相是名三十二相
須菩提若有善男子善女人以恒河沙等身
命布施若復有人於此經中乃至受持四句偈
等為他人說其福甚多
尒時須菩提聞說是經深解義趣涕淚悲泣
而白佛言希有世尊佛說如是甚深經典我
從昔來所得慧眼未曾得聞如是之經世尊
若復有人得聞是經信心清淨則生實相當
知是人成就第一希有功德世尊是實相者
則是非相是故如來說名實相世尊我今得
聞如是經典信解受持不足為難若當來世
後五百歲其有衆生得聞是經信解受持是
人則為第一希有何以故此人无我相人相
衆生相壽者相所以者何我相即是非相人

相衆生相壽者相即是非相何以故離一切
諸相則名諸佛佛告須菩提如是如是若復
有人得聞是經不驚不怖不畏當知是人甚
為希有何以故須菩提如來說第一波羅蜜
非第一波羅蜜是名第一波羅蜜
須菩提忍辱波羅蜜如來說非忍辱波羅蜜
何以故須菩提如我昔為歌利王割截身體
我於尒時无我相无人相无衆生相无壽者
相何以故我於往昔節節支解時若有我相
人相衆生相壽者相應生瞋恨須菩提又念
過去於五百世作忍辱仙人於尒所世无我
相无人相无衆生相无壽者相是故須菩提
菩薩應離一切相發阿耨多羅三藐三菩提
心不應住色生心不應住聲香味觸法生心應
生无所住心若心有住則為非住是故佛

BD00986　金剛般若波羅蜜經

心不應住色生心不應住聲香味觸法生心應
生无所住心若心有住則為非住是故佛
說菩薩心不應住色布施須菩提菩薩為利
益一切衆生應如是布施如来說一切諸相
即是非相又說一切衆生則非衆生須菩提
如来是真語者實語者如語者不誑語者不
異語者須菩提如来所得法此法无實无虛
須菩提若菩薩心住於法而行布施如人入
闇則无所見若菩薩心不住法而行布施如
人有目日光明照見種種色
須菩提當来之世若善男子善女人能於此
經受持讀誦則為如来以佛智慧悉知是人
悉見是人皆得成就无量无邊功德
須菩提若有善男子善女人初日分以恒河
沙等身布施中日分復以恒河沙等身布施

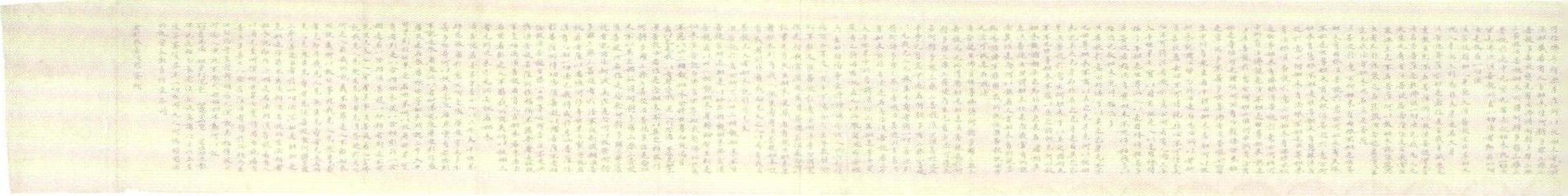

後日分亦以恒河沙等身布施如是无量百
千万億劫以身布施若復有人聞此經典信
心不逆其福勝彼何況書寫受持讀誦為人解說
須菩提以要言之是經有不可思議不可稱
量无邊功德如来為發大乘者說為發最上
乘者說若有人能受持讀誦廣為人說如来
悉知是人悉見是人皆得成就不可量不可
稱无有邊不可思議功德如是人等則為荷
擔如来阿耨多羅三藐三菩提何以故須菩
提若樂小法者著我見人見衆生見壽者見
則於此經不能聽受讀誦為人解說須菩提
在在處處若有此經一切世間天人阿脩羅
所應供養當知此處則為是塔皆應恭敬作
礼圍遶以諸華香而散其處
復次須菩提善男子善女人受持讀誦此經

BD00986　金剛般若波羅蜜經

礼圍遶以諸華香而散其處
復次須菩提善男子善女人受持讀誦此經
若為人輕賤是人先世罪業應墮惡道以今
世人輕賤故先世罪業則為消滅當得阿耨
多羅三藐三菩提須菩提我念過去无量阿
僧祇劫於然燈佛前得值八百四千万億那
由他諸佛悉皆供養承事无空過者若復有
人於後末世能受持讀誦此經所得功德於
我所供養諸佛功德百分不及一千万億分
乃至筭數譬喻所不能及須菩提若善男子
善女人於後末世有受持讀誦此經所得功德我
若具說者或有人聞心則狂亂狐疑不信須菩提
當知是經義不可思議果報亦不可思議
尒時須菩提白佛言世尊善男子善女人發
阿耨多羅三藐三菩提心云何應住云何降

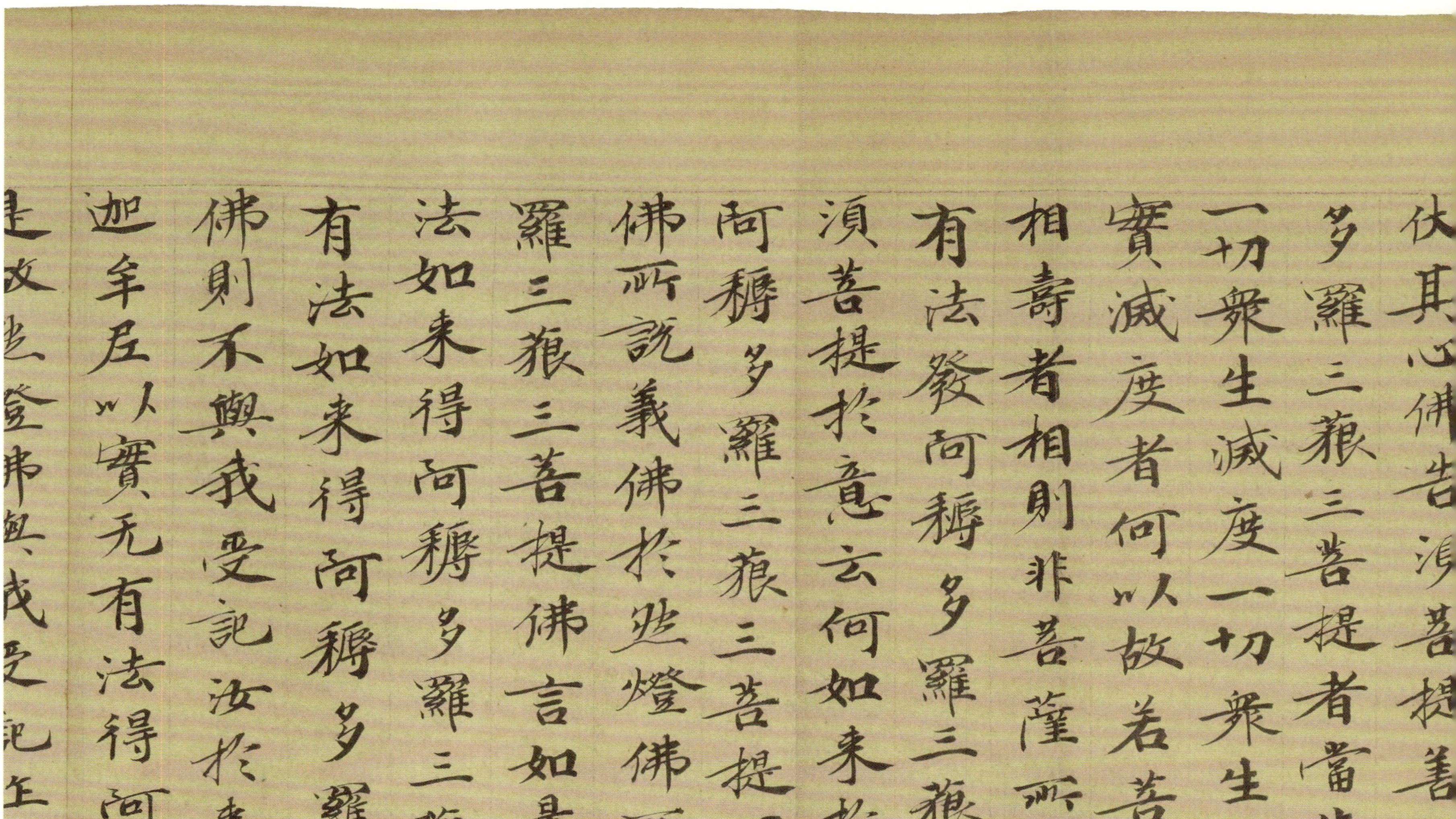

伏其心佛告須菩提善男子善女人發阿耨
多羅三藐三菩提者當生如是心我應滅度
一切衆生滅度一切衆生已而无有一衆生
實滅度者何以故若菩薩有我相人相衆生
相壽者相則非菩薩所以者何須菩提實无
有法發阿耨多羅三藐三菩提者
須菩提於意云何如来於然燈佛所有法得
阿耨多羅三藐三菩提不不也世尊如我解
佛所說義佛於然燈佛所无有法得阿耨多
羅三藐三菩提佛言如是如是須菩提實无有
法如来得阿耨多羅三藐三菩提須菩提若
有法如来得阿耨多羅三藐三菩提然燈
佛則不與我受記汝於来世當得作佛号釋
迦牟尼以實无有法得阿耨多羅三藐三菩提
是故然燈佛與我受記作是言汝於来世當

BD00986　金剛般若波羅蜜經

迦牟尼以實无有法得阿耨多羅三藐三菩提
是故然燈佛與我受記作是言汝於來世當
得作佛号釋迦牟尼何以故如來者即諸
法如義若有人言如來得阿耨多羅三藐三
菩提須菩提實无有法佛得阿耨多羅三藐
三菩提須菩提如來所得阿耨多羅三藐三
菩提於是中无實无虛是故如來說一切法
皆是佛法須菩提所言一切法者即非一切
法是故名一切法
須菩提譬如人身長大須菩提言世尊如來
說人身長大則為非大身是名大身
須菩提菩薩亦如是若作是言我當滅度无
量衆生則不名菩薩何以故須菩提實无有
法名為菩薩是故佛說一切法无我无人无
衆生无壽者須菩提若菩薩作是言我當莊

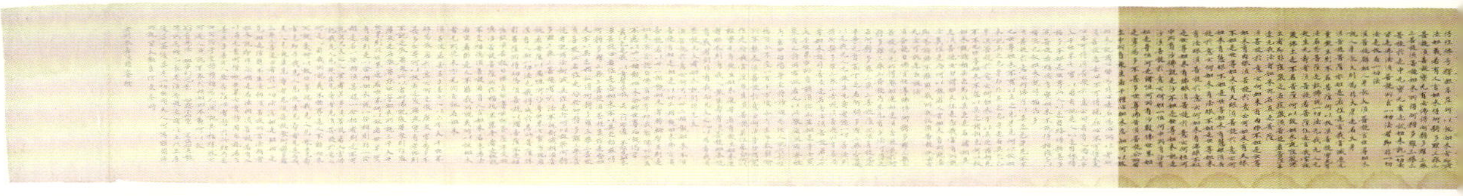

嚴佛土是不名菩薩何以故如來說莊嚴佛
土者即非莊嚴是名莊嚴須菩提若菩薩通
達无我法者如來說名真是菩薩
須菩提於意云何如來有肉眼不如是世尊
如來有肉眼須菩提於意云何如來有天眼
不如是世尊如來有天眼須菩提於意云何
如來有慧眼不如是世尊如來有慧眼須菩
提於意云何如來有法眼不如是世尊如來
有法眼須菩提於意云何如來有佛眼不如
是世尊如來有佛眼須菩提於意云何恒河
中所有沙佛說是沙不如是世尊如來說是
沙須菩提於意云何如一恒河中所有沙有
如是等恒河是諸恒河所有沙數佛世界如
是寧為多不甚多世尊佛告須菩提尒所國
土中所有衆生若干種心如來悉知何以故

是寧為多不甚多世尊佛告須菩提尒所國
土中所有衆生若干種心如來悉知何以故
如來說諸心皆為非心是名為心所以者何
須菩提過去心不可得現在心不可得未來
心不可得須菩提於意云何若有人滿三千
大千世界七寶以用布施是人以是因緣得
福多不如是世尊此人以是因緣得福甚多
須菩提若福德有實如來不說得福德多以
福德无故如來說得福德多
須菩提於意云何佛可以具足色身見不不
也世尊如來不應以具足色身見何以故如
來說具足色身即非具足色身是名具足色
身須菩提於意云何如來可以具足諸相見
不不也世尊如來不應以具足諸相見何以故
如來說諸相具足即非具足是名諸相具

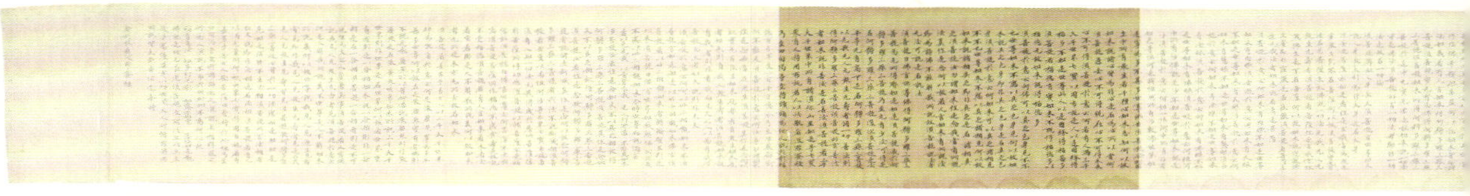

是須菩提汝勿謂如来作是念我當有所說
法莫作是念何以故若人言如来有所說法
即為謗佛不能解我所說故須菩提說法者
无法可說是名說法
須菩提白佛言世尊佛得阿耨多羅三藐三
菩提為无所得耶如是如是須菩提我於阿
耨多羅三藐三菩提乃至无有少法可得是
名阿耨多羅三藐三菩提復次須菩提是法
平等无有高下是名阿耨多羅三藐三菩提
以无我无人无衆生无壽者脩一切善法則
得阿耨多羅三藐三菩提須菩提所言善法
者如来說非善法是名善法須菩提若三千
大千世界中所有諸須弥山王如是等七寶
聚有人持用布施若人以此般若波羅蜜經
乃至四句偈等受持讀誦為他人說於前福

BD00986　金剛般若波羅蜜經

聚有人持用布施若人以此般若波羅蜜經
乃至四句偈等受持讀誦為他人說於前福
德百分不及一百千万億分乃至筭數譬喻
所不能及須菩提於意云何汝等勿謂如來
作是念我當度衆生須菩提莫作是念何以
故實无有衆生如來度者若有衆生如來度
者如來則有我人衆生壽者須菩提如來說
有我者則非有我而凡夫之人以為有我須
菩提凡夫者如來說則非凡夫
須菩提於意云何可以卅二相觀如來不須
菩提言如是如是以卅二相觀如來佛言須
菩提若以卅二相觀如來者轉輪聖王則是
如來須菩提白佛言世尊如我解佛所說義
不應以卅二相觀如來尒時世尊而說偈言
若以色見我　以音聲求我　是人行耶道　不能見如來

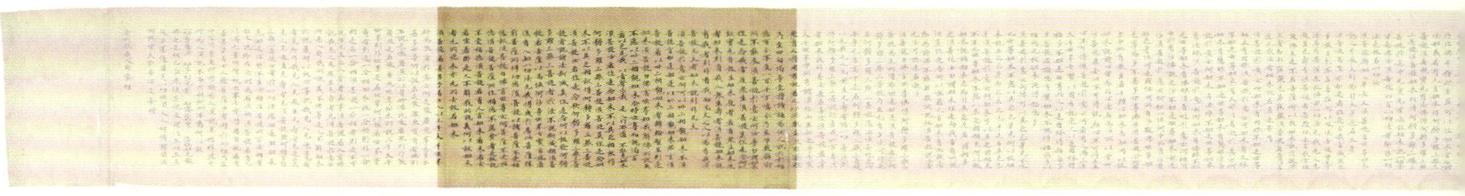

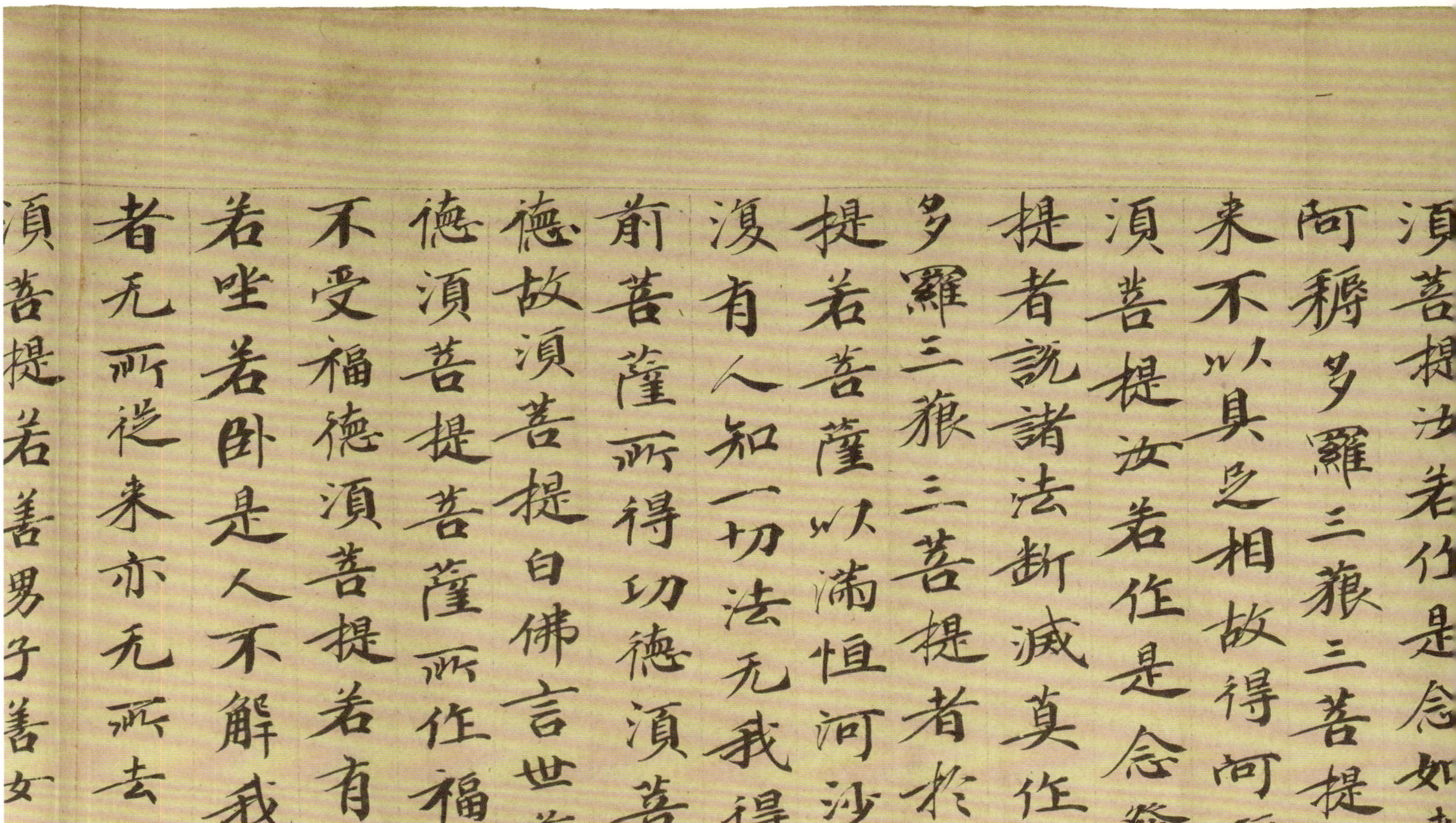

須菩提汝若作是念如來不以具足相故得
阿耨多羅三藐三菩提須菩提莫作是念如
來不以具足相故得阿耨多羅三藐三菩提
須菩提汝若作是念發阿耨多羅三藐三菩
提者說諸法斷滅莫作是念何以故發阿耨
多羅三藐三菩提者於法不說斷滅相須菩
提若菩薩以滿恒河沙等世界七寶布施若
復有人知一切法无我得成於忍此菩薩勝
前菩薩所得功德須菩提以諸菩薩不受福
德故須菩提白佛言世尊云何菩薩不受福
德須菩提菩薩所作福德不應貪著是故說
不受福德須菩提若有人言如來若來若去
若坐若卧是人不解我所說義何以故如來
者无所從來亦无所去故名如來
須菩提若善男子善女人以三千大千世界

BD00986　金剛般若波羅蜜經

者无所從来亦无所去故名如来
須菩提若善男子善女人以三千大千世界
碎為微塵於意云何是微塵衆寧為多不
甚多世尊何以故若是微塵衆實有者佛則
不說是微塵衆所以者何佛說微塵衆則非微
塵衆是名微塵衆世尊如来所說三千大千
世界則非世界是名世界何以故若世界實
有者則是一合相如来說一合相則非一合
相是名一合相須菩提一合相者則是不可
說但凡夫之人貪著其事須菩提若人言佛
說我見人見衆生見壽者見須菩提於意云
何是人解我所說義不世尊是人不解如来
所說義何以故世尊說我見人見衆生見壽
者見即非我見人見衆生見壽者見是名我
見人見衆生見壽者見須菩提發阿耨多羅

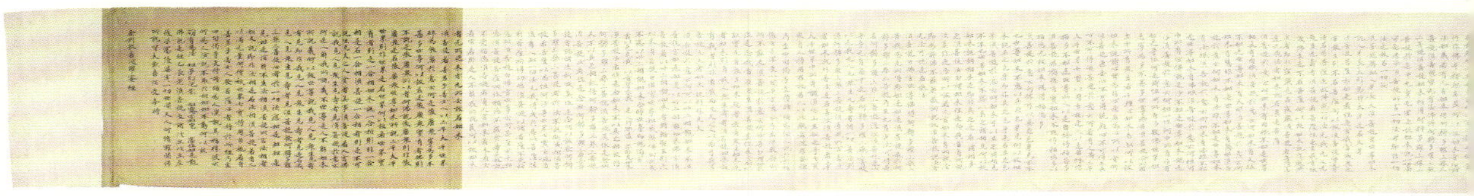

三藐三菩提心者於一切法應如是知如是
見如是信解不生法相須菩提所言法相者
如來說即非法相是名法相須菩提若有人
以滿无量阿僧祇世界七寶持用布施若有
善男子善女人發菩薩心者持於此經乃至
四句偈等受持讀誦為人演說其福勝彼云
何為人演說不取於相如如不動何以故
一切有為法　如夢幻泡影　如露亦如電　應作如是觀
佛說是經已長老須菩提及諸比丘比丘尼
優婆塞優婆夷一切世間天人阿脩羅聞佛
所說皆大歡喜信受奉持
金剛般若波羅蜜經

BD00986　金剛般若波羅蜜經

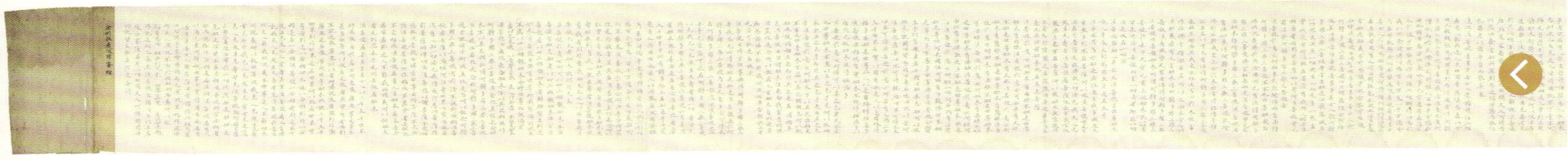

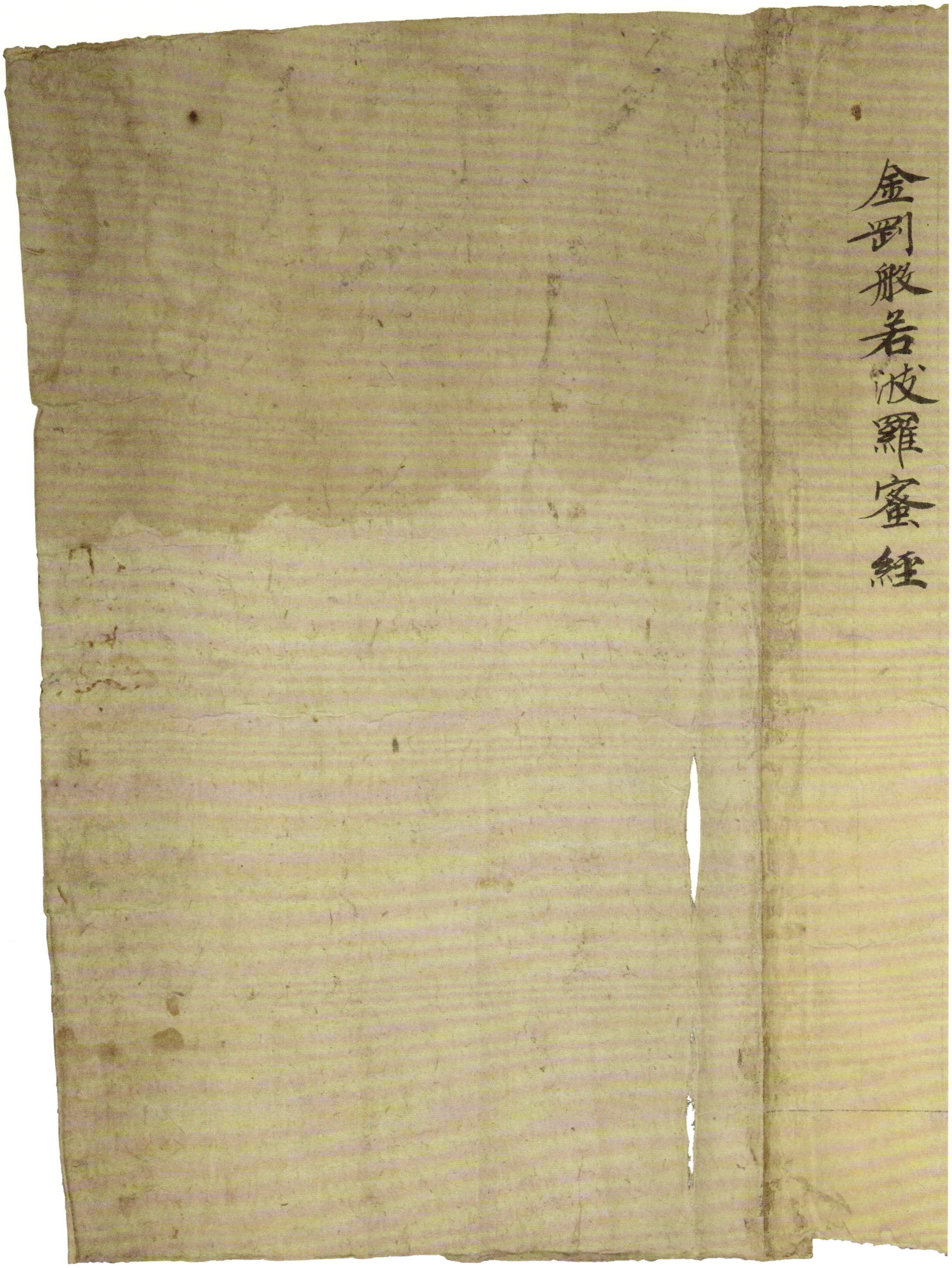

BD00986　金剛般若波羅蜜經

（11–11）

圖書在版編目（CIP）數據

中國國家圖書館藏敦煌文獻．第六六册／中國國家圖書館編．—北京：國家圖書館出版社，2024.12

ISBN 978-7-5013-7988-0

Ⅰ．①中… Ⅱ．①中… Ⅲ．①敦煌學—文獻 Ⅳ．①K870.6

中國國家版本館 CIP 數據核字（2024）第 036537 號

書　　名　中國國家圖書館藏敦煌文獻・第六六册

著　　者　中國國家圖書館　編

項目統籌　魏　崇　殷夢霞

責任編輯　程魯潔　潘　竹　黄　鑫　苗文葉

責任校對　王　哲

出版發行　國家圖書館出版社（北京市西城區文津街 7 號　100034）

（原書目文獻出版社　北京圖書館出版社）

010-66114536　63802249　nlcpress@nlc.cn（郵購）

網　　址　http://www.nlcpress.com

排版印裝　天津裕同印刷有限公司

版次印次　2024 年 12 月第 1 版　2024 年 12 月第 1 次印刷

開　　本　787 × 1092　1/8

印　　張　38.5

書　　號　ISBN 978-7-5013-7988-0

定　　價　2800.00 圓
